VERDADES INCÓMODAS PARA PERSONAS AUTÓNOMAS

MANUEL MARTÍNEZ-SELLÉS

VERDADES INCÓMODAS PARA PERSONAS AUTÓNOMAS

EDICIONES RIALP
MADRID

© 2025 *by* MANUEL MARTÍNEZ-SELLÉS
© 2025 *by* EDICIONES RIALP, S.A.
   Manuel Uribe 13-15, 28033, Madrid
   (www.rialp.com)

Preimpresión: www.produccioneditorial.com

ISBN (edición impresa): 978-84-321-7090-4
ISBN (edición digital): 978-84-321-7091-1
ISBN (edición bajo demanda): 978-84-321-7092-8
ISNI: 0000 0001 0725 313X
Depósito legal: M-9514-2025

Impreso en España   *Printed in Spain*

Anzos, S. L. - Fuenlabrada (Madrid)

Para Inma, que lloró al leer algún párrafo
de este libro.

Mi agradecimiento a Santiago Herraiz que,
como buen editor, lo mejoró muy sustancialmente.

ÍNDICE

PRÓLOGO

En un mundo cada vez más convulso y acelerado, donde las prioridades parecen volcarse hacia lo material y lo efímero, es vital detenernos y reflexionar sobre nuestra verdadera esencia. Somos seres únicos e irrepetibles, cada uno de nosotros irremplazable; no solo por nuestra singularidad, sino también por nuestro papel en la sociedad. Pertenecemos a una familia, a un grupo de amigos, a una comunidad, a una patria. Somos seres sociales, y esa dimensión relacional no es un capricho, sino una necesidad profunda de nuestra naturaleza.

Desde el nacimiento, la primera necesidad de un bebé no solo es el alimento y el abrigo, sino en especial el afecto. Ese vínculo primario establece la base de nuestra humanidad, recordándonos que el cuidado mutuo es innato. A lo largo de la historia, la sociedad occidental, inspirada en la cultura grecorromana y el humanismo cristiano, ha proporcionado un marco espiritual y cultural que ha promovido la protección, la estabilidad y el respeto a la dignidad infinita de la persona. Aunque el progreso no siempre ha sido lineal, y se han vivido épocas de crisis, estas han sido oportunidades para reflexionar, corregir y restaurar el orden natural del ser humano en sociedad, orientado al bien común.

¿Estamos ante una nueva encrucijada?

La realidad actual nos plantea esta incógnita. Los indicadores sociales, económicos y culturales muestran un momento de transformación profunda. Vivimos cambios vertiginosos en nuestros hábitos y costumbres, algunos con consecuencias aún difíciles de prever. Los valores tradicionales, que solían cimentar nuestro entorno cultural, parecen desdibujarse, dando paso a un nuevo esquema donde los logros materiales predominan sobre la búsqueda de una trascendencia espiritual. Este enfoque, centrado en lo tangible e inmediato, genera una insatisfacción constante y distorsiona la comprensión de la dignidad humana.

El impacto de esta desorientación no es solo social, sino también personal; a veces, incluso, tiene consecuencias clínicas. La falta de conexión con la verdad y la dificultad para formar opiniones fundamentadas nos dejan vulnerables ante desafíos complejos. El exceso de información, las medias verdades, el sesgo ideológico y el constante ajetreo contribuyen a un ruido ensordecedor, que nos impide pensar con claridad y serenidad. Necesitamos ayuda para sintonizar con la verdad, despejar interferencias y razonar con sentido común.

La voz serena del doctor Martínez-Sellés

No es la primera vez que el doctor Martínez-Sellés acude al rescate del discernimiento y la sensatez. Ya lo hizo ante debates cruciales, como el de la eutanasia, donde su frase: "debemos acabar con el sufrimiento, no con quien sufre" resonó con fuerza. Defendió con valentía los cuidados paliativos de calidad, ofreciendo una visión de la cruel realidad frente a la narrativa idealizada de la "muerte digna". Su capacidad para abordar temas complejos con humanidad y rigor hizo que su mensaje trascendiera, tocando incluso a quienes inicialmente tenían una opinión contraria.

Ahora, con este nuevo libro, el doctor Martínez-Sellés nos brinda nuevamente su lucidez, abordando las encrucijadas existenciales de nuestro tiempo. Con un análisis profundo y fundamentado, expone cómo la falta de una comprensión integral del ser humano ha erosionado los valores que tradicionalmente sostenían nuestras vidas y el orden en sociedad. Nos confronta con las paradojas de la modernidad: leemos menos, pero creemos estar mejor informados; estamos más conectados, pero nunca antes la soledad había sido tan punzante; proclamamos los derechos humanos, pero se vulneran impunemente los más básicos, especialmente los de los más vulnerables.

Una llamada a recuperar lo esencial

El autor nos invita a redescubrir principios fundamentales, como la fidelidad, la fe, el respeto a los mayores y el amor por la vida. Estos valores, lejos de ser reliquias del pasado, son necesarios para construir una existencia plena y auténtica. Su mensaje no solo nos desafía con verdades incómodas, sino que también nos ofrece un eco de esperanza. La vida, con su belleza discreta y cotidiana —el latido del corazón, el susurro de las olas, una risa compartida—, es un regalo invaluable que merece ser celebrado.

Estas páginas son un faro en la tormenta, una invitación a detenernos, a maravillarnos ante nuestra existencia única y a afrontar el futuro con una esperanza renovada. Pese a las dificultades, el potencial humano, nuestra capacidad de amar, confiar y crear, nos permite siempre un nuevo comienzo. Este libro es más que una reflexión: es una llamada a la acción, a conectar con nuestra esencia más profunda y a vivir con la certeza de que cada vida, sin excepción, tiene un valor infinito.

Margarita de la Pisa Carrión

15

INTRODUCCIÓN

¿POR QUÉ *verdades incómodas*?

Porque en el fondo sospechas que algunas de ellas (o todas) son verdad.

Porque si lo son tendrías que cambiar tu forma de relacionarte, tu situación personal o profesional.

Porque tal vez alguna de ellas implique darle un vuelco a tu vida.

¿Por qué *para personas autónomas*?

Porque este libro se destina a librepensadores dispuestos a ir a contracorriente.

Porque te voy a pedir que te atrevas a ir contra la ideología dominante y contra el discurso más extendido.

Porque espero que te atrevas a ser políticamente incorrecto.

¿Qué es la verdad y por qué es clave comprometernos con su búsqueda?

La verdad es un concepto central en el pensamiento humano, que, como veremos, está presente en la filosofía, la ciencia y la moral, pero también en la vida cotidiana. Puede entenderse como la correspondencia entre una afirmación y la realidad objetiva, aunque también esta definición ha sido objeto debate. Aristóteles afirmaba que la verdad es «decir de lo que es que es, y de lo que no es que no es».

Buscar la verdad es fundamental, nos permite decidir con conocimiento y vivir con integridad. Pero el compromiso con la verdad exige pensamiento crítico, apertura a la evidencia y voluntad para corregir errores. Frecuentemente implica no dejarse llevar por emociones y creencias subjetivas.

En este libro abordaremos verdades "científicas", basadas en la observación y la experimentación; "filosóficas" obtenidas desde la reflexión racional sobre la existencia, el conocimiento y otros aspectos fundamentales de la vida y "sociales/morales" asentadas en valores, normas y acuerdos que rigen (o deberían regir) la sociedad. A pesar de sus diferencias, todas comparten algunos elementos esenciales y están basadas en la evidencia empírica, la lógica y/o la reflexión racional. Son fundamentales para la toma de decisiones, orientan nuestras acciones y determinan nuestra forma de vivir.

1.
LEEMOS MENOS Y ESTAMOS
PEOR INFORMADOS

Puede parecer paradójico que, en la era de mayor disponibilidad de información, estemos cada vez peor informados. La revolución digital prometía un acceso ilimitado al conocimiento, pero lo que hemos ganado en cantidad de contenidos lo hemos perdido en profundidad. Leer menos libros (me temo que en muchos casos se podría decir ningún libro) y consumir más contenido breve y fragmentado nos ofrece una visión parcial y superficial del mundo. Durante siglos, la lectura ha sido un pilar fundamental no solo del entretenimiento sino también de la formación del pensamiento crítico y el desarrollo personal. Sin embargo, en las últimas décadas, presenciamos una disminución significativa en el número de lectores (de libros) y en el tiempo dedicado a la lectura. Consumimos más información, pero en titulares, en redes sociales favorables a nuestras opiniones e intereses, y en vídeos y textos telegráficos. Esa dieta intelectual empobrecida puede repercutir en nuestra salud mental y en nuestra capacidad de raciocinio.

El tiempo que tradicionalmente se dedicaba a leer libros ahora se invierte en desplazarse por pantallas. El mundo digital con sus múltiples plataformas y posibilidades digitales ha reducido nuestra capacidad de concentración, fomentando un consumo rápido que apenas deja espacio a la reflexión. Leer un libro requiere un compromiso mental sostenido, una inversión de tiempo y un esfuerzo intelectual. Mientras tanto, internet y las redes sociales nos ponen al alcance de la mano una gratificación instantánea con la que no es fácil competir. Los algoritmos que rigen plataformas como X o TikTok están diseñados para captar nuestra atención, no para educarnos. Estos sistemas priorizan contenido adaptado a nuestras tendencias, sensacionalista, emocionalmente cargado o simplemente entretenido, dejando de lado la información que podría ayudarnos a entender temas complejos o aquella que discrepe con nuestras ideas.

Como resultado de esta preselección, corremos el riesgo de ser atrapados en burbujas de datos, muchas veces no contrastados, que refuerzan nuestras creencias previas, limitan nuestra exposición a perspectivas diferentes y nos hacen rechazar todo lo que sea distinto a nuestros patrones. A la larga, se pueden retroalimentar opiniones cada vez más extremas. Además, crea dependencia, ya que, a nivel cerebral, se activan áreas implicadas en las adicciones. Es decir, quedamos enganchados a contenidos diseñados para el consumo inmediato en detrimento de tareas como la lectura pausada y el sueño.

En realidad, no estamos mejor informados. Solo tenemos piezas aisladas de un rompecabezas más grande del que alcanzamos a imaginar. Las redes sociales y los titulares leídos oblicuamente nos brindan la falsa sensación de estar al día, y muchos llegan a compartir noticias no confirmadas que ni siquiera han leído.

La disminución de la lectura sosegada también afecta a nuestra cultura y a nuestra sociedad. Podría suceder que, en un futuro no muy lejano, nadie entendiera obras maestras de la literatura universal. De hecho, el informe Pisa constata una imparable reducción mundial de las capacidades de comprensión lectora (medidas en personas de 15 años). Sucede en el caso de las obras literarias, pero también en el de los libros científicos, ensayos académicos y tesis doctorales que ofrecen un análisis profundo y matizado de los temas. Encontrar a alguien con tiempo, interés y paciencia para leérselos es cada vez más difícil.

Nos hemos acostumbrado a un tipo de atención "de abajo a arriba" en el que las emociones, suscitadas por los contenidos digitales, son las que disparan nuestra atención. Ya no dirigimos de forma voluntaria la atención (de arriba abajo), sino que los medios digitales la capturan sin pedir permiso. Somos menos capaces de tareas aparentemente no atractivas, o que requieren un procesamiento más pausado —como leer, analizar información o estudiar—. Colegios, academias y universidades están ya desarrollando videos cortos, ante la dificultad para leer de los estudiantes.

La lectura no permite la multitarea, y la capacidad de atención disminuye. Evitar ruidos y apagar dispositivos parece incompatible con un mundo de notificaciones que requieren contestación inmediata.

No leer implica no saber escribir. Paradójicamente, en la nueva sociedad de la comunicación y de la inteligencia artificial puede suceder que no sepamos comunicarnos. Saber *leer y escribir bien* es un arma de comprensión del mundo. Enfrentarse a textos largos es una forma de defensa en una sociedad cada vez más compleja en la que todo tiende a simplificarse. La falta de información completa y fiable dificulta tomar decisiones fundamentadas, tanto a nivel personal como social y político. Una ciudadanía mal informada está más expuesta a las manipulaciones y es menos capaz de participar activamente en una democracia. Las verdades y las certezas se vuelven maleables y crecen las maniobras encaminadas a conseguir cambios de opiniones, valores, tendencias y, en definitiva, de votos.

En octubre de 2023 se publicó el Manifiesto de Liubliana sobre la "Importancia de la Lectura de Nivel Superior". En él se muestra el impacto negativo del entorno digital en la lectura, en particular, sobre la lectura de larga duración y la comprensión lectora. Se destaca que la lectura profunda es nuestra herramienta más poderosa para desarrollar el pensamiento analítico y crítico, ambos indispensables para ser ciudadanos informados en una sociedad demo-crática. ¿Estamos a tiempo de contrarrestar esta tendencia? Ya existen iniciativas para promover la lectura desde edades tempranas, evitar la so-breexposición a pantallas, fomentar el análisis crítico y establecer un equilibrio entre el consu-mo de contenido digital y la lectura profunda.

Todas estas medidas son cruciales, pero he de confesar que soy escéptico. Cuestionar el uso de dispositivos en aulas, comidas o mo-mentos familiares sería un primer paso impor-tante. Termino con otros:

—Sé realista, pero constante. Si te propones leer quince minutos al día, cúmplelo.
—Aprovecha los transportes públicos, el baño, la playa, las esperas.
—Ten siempre un libro a mano. O un lec-tor digital.
—Invierte en buena lectura. Gástate el di-nero. Para eso está.
— Y si no lo tienes, acude a una biblioteca. Tienes una cerca.
—Valora compartir. Únete a un club de lectura, o inícialo. Habla de tus libros con tu cónyuge o tus amigos.

—Evita distracciones, sobre todo el móvil. Recuerda que puede apagarse, o activar el modo avión. El mundo sigue donde estaba.

—Regala libros y pídelos de regalo.

2.
ESTAMOS MÁS SOLOS

Qué EXTRAÑO QUE en el momento histórico en que la tecnología permite más conexiones, suframos una pandemia de soledad. Más conectados... pero más solos. Irónicamente, los móviles, las redes y la mensajería, diseñados para unirnos, podrían aislarnos. El sentimiento de soledad e incomunicación se ha vuelto común, incluso en ambientes urbanos densamente poblados. De hecho, la soledad está estrechamente relacionada con los estilos de vida en las grandes ciudades, donde el anonimato y la despersonalización dificultan los vínculos interpersonales.

La Organización Mundial de la Salud ha alertado de que nunca ha habido tantas personas que se sientan solas y abandonadas. La soledad nos puede afectar a todos, a cualquier edad. Puede aparecer tras una pérdida, la muerte de un cónyuge, el desempleo o una ruptura matrimonial. Es más frecuente en situaciones de dependencia (infancia, vejez, enfermedad), en aquellos que viven solos, en los migrantes y en las personas con pocos recursos. En torno a uno de cada cuatro ancianos experimenta aislamiento social, y entre el 5 % y el 15 % de los adolescentes se sienten solos.

La soledad tiene consecuencias graves para la salud física y mental. Está vinculada a un mayor riesgo de enfermedades cardiovasculares, diabetes, demencia, depresión e incluso una menor esperanza de vida. Sentirse desconectado afecta a nuestra percepción de bienestar general y a nuestra capacidad para enfrentar el estrés. Un estudio publicado a principios de 2025 en la revista *Nature Human Behavior* muestra que la soledad y el aislamiento social dejan incluso una marca en nuestro cuerpo, a nivel bioquímico/molecular. Los autores identificaron una serie de proteínas asociadas a la soledad que están relacionadas con consecuencias adversas para la salud.

El individualismo ha erosionado las estructuras tradicionales que solían brindar apoyo emocional y social: familias, comunidades locales y grupos religiosos. Algunas personas priorizan su independencia sobre la conexión con otros. Muchos terminan sus vidas en residencias u hospitales dónde nadie va a visitarlos, o mueren en sus casas y pasan días hasta que alguien se entera.

Para combatir la soledad, es esencial reconstruir las conexiones significativas, dedicar tiempo de calidad a la familia y a los amigos, y potenciar grupos comunitarios o de interés común. Aprender a desconectarnos de la tecnología para centrarnos en quienes tenemos cerca también puede marcar una gran diferencia. Las interacciones digitales carecen de la profundidad y conexión emocional que ofrecen las relaciones cara a cara donde cabe el contacto físico y mirarse a los ojos. No es lo mismo intercambiar *likes* y *emojis* que abrazarse, darse un beso, conversar.

Países como Reino Unido o Japón han llegado a crear un Ministerio de la Soledad. Francia creó hace más de diez años la iniciativa MONALISA (*Mobilisation Nationale contre L'Isolement des Agés*), un programa colaborativo que lucha contra la soledad en personas mayores a través del trabajo en red. El funcionamiento del programa se basa principalmente en acciones comunitarias realizadas por grupos de entre 10 y 50 voluntarios a los que se les asigna una persona de referencia. En España, desde 2021 tenemos una Estrategia Nacional contra la Soledad No Deseada, y la Fundación ONCE ha puesto en marcha el Observatorio Estatal de la Soledad No Deseada.

Las estrategias y planes de acción son variadas, desde campañas de concienciación hasta la implementación de sistemas de salud y sociales integrados a nivel comunitario. Está muy en boga promover "terceros lugares": espacios distintos del hogar y del trabajo (bibliotecas, gimnasios, cafés, mercados, parques, museos, lugares de culto, etc.). Estos espacios de socialización mejoran el sentido de comunidad y pertenencia a un barrio. Algunos gobiernos ya están trabajando con ONG en distintos programas, promoviendo opciones novedosas y viviendas colaborativas.

Pero, no nos engañemos, abordar este problema implica una visión mucho más global. Necesitamos potenciar los servicios comunitarios y realizar una planificación urbana que fomente la inclusión social, estudie la mejor disposición de los asientos en una plaza o el modo de dar a la gente más oportunidades de cruzarse: rincones musicales, zonas de juego para niños, espacios de ejercicio para ancianos y áreas accesibles y amplias que prevengan la soledad. Conectar a las personas que se sienten solas con actividades locales que tengan un componente social es muy positivo. El voluntariado en organizaciones benéficas también es bueno para las interacciones sociales positivas. Unirse a un grupo de ciclismo o de caminatas, u otra actividad física que involucre a otras personas, como los deportes de equipo, beneficiará la salud desde todos los puntos de vista.

La educación también tiene un papel clave. Enseñar a saludar, sonreír e interactuar con conocidos y extraños es clave para establecer relaciones sociales de forma adecuada. En 2021, *The Economist* publicó un artículo, "*The vital art of talking to strangers*", subrayando la importancia de saber hablar con desconocidos. Un comentario casual que toque un punto emocional puede iniciar una conversación inesperadamente profunda en un tren o un avión, que sea el inicio de una amistad. Comunicarse con empatía con extraños puede generar enormes recompensas, pero es una habilidad que debe enseñarse, cultivarse y que puede perderse fácilmente. El individualismo y el utilitarismo hacen que, para muchas personas, conversar con algunos conciudadanos parezca inútil, indeseable, extravagante o incluso peligroso.

Por otro lado, los extremismos propiciados por las redes sociales y las noticias dirigidas nos pueden hacer desconfiados ante quienes opinan distinto. La capacidad de relacionarse con desconocidos de manera civilizada es una condición necesaria para la paz social y una buena forma de prevenir una futura soledad. Es algo que deberíamos enseñar a nuestros niños y jóvenes: dar los buenos días, mirar al otro, sonreír, saludar, entablar una conversación. Todo esto se puede y debe aprender.

En mi opinión, lo más importante es potenciar los lazos familiares. Asignar recursos financieros para ayudas a la dependencia, promover la conciliación, establecer horarios de trabajo compatibles con la vida familiar y facilitar bajas laborales por cuidado de niños, ancianos y enfermos.

Los que nos son más cercanos son la mejor ayuda para no sentirnos nunca solos.

3.

NO NOS COMPROMETEMOS

¿Atravesamos una crisis de compromiso? Eso parece, en relaciones, proyectos, trabajos, valores, o ideales. Nuestra sociedad valora más la flexibilidad que la estabilidad, pero esto tiene un costo personal, psicológico y social. El auge de las aplicaciones de citas y el consumismo han fomentado una mentalidad de "siempre hay algo mejor". Evitamos entonces compromisos duraderos por temor a cerrar otras opciones. Sin embargo, esta búsqueda constante acaba dejándolos insatisfechos y sin raíces: hay baja tolerancia a la frustración y un excesivo temor a equivocarnos. En una sociedad de la inmediatez, donde con un clic accedemos a todo un mundo de posibilidades, no es soportable la espera. El largo plazo se vuelve inaguantable y también la incertidumbre.

Sin embargo, como sabemos los que estamos casados, en una relación de pareja (casi) todo es incertidumbre. Seguro que algunos grandes proyectos vitales o pequeños detalles del día a día saldrán mal. Si nuestra intención es probar y si va bien "perfecto" y si va mal "mejor decir adiós", acabará sucediendo lo último, porque no todo saldrá bien siempre. Es una cuestión de tiempo, pero el resultado es muy previsible.

Claro que es sano no precipitarse y conocer lo suficiente a la persona que tienes al lado, ese proyecto profesional, o tu futura vivienda, antes de comprometerse. El problema es que cada vez nos cuesta más dar el paso definitivo. Es la parálisis por el análisis. Dejamos de actuar en situaciones en las que tenemos que tomar decisiones importantes por un exceso de reflexión. Recogemos tanta información que, a la postre, nos impide dar el paso.

La mayoría de los médicos de mi generación nos casamos, compramos un piso (es decir, adquirimos una hipoteca) y muchos tuvimos hijos mientras hacíamos la especialidad con 25-30 años, allá a finales de los años 90. De los médicos internos residentes (MIR) actuales, con esa misma edad, casi ninguno se casa ni adquiere vivienda. En un estudio que realizamos y publicamos en noviembre de 2024 en la revista SEMERGEN se mostraba que solo el 12 % se planteaban la posibilidad de ser padres durante la residencia.

Esta parálisis no solo afecta a las relaciones de pareja. También infecta a las amistades y a todas las relaciones familiares. La falta de compromiso genera encuentros superficiales que carecen de la profundidad necesaria para construir confianza y apoyo mutuo. Hay menos matrimonios y más divorcios, pero también menor compromiso en trabajos, instituciones, comunidades y organizaciones. Los proyectos a largo plazo carecen de estabilidad, y las corporaciones pueden perder credibilidad si falta compromiso.

A la huida sistemática del compromiso, sobre todo cuando es inesperado, se le ha bautizado como síndrome de Houdini, en alusión al famoso escapista y mago de origen húngaro, Harry Houdini, conocido por su habilidad para desaparecer de las situaciones más complicadas. Esta actitud se manifiesta en la ruptura repentina de una relación amorosa, en la desvinculación de un proyecto laboral importante, o en el abondono de una amistad sin previo aviso. Lógicamente, puede generar confusión, angustia y sentimiento de abandono en quienes lo experimentan desde el otro lado.

Las plataformas digitales y las redes permiten que las personas desaparezcan del radar de forma instantánea. Con un simple clic puedes dejar de seguir a alguien, o bloquearle. Si lo extrapolas a la vida real (cada vez hay más gente que confunde ambas) puedes dejar a tu pareja, amigo o compañero sin explicaciones, como quien lo cancela en una aplicación. Los que padecen el síndrome de Houdini tienden a evitar situaciones que puedan comprometer su independencia o bienestar personal. Por ello, cuando sienten que una relación, trabajo o situación está exigiendo más de lo que están dispuestos a dar, optan por escapar de manera repentina antes de que sea tarde y estén demasiado comprometidos. Este mecanismo de evasión puede protegerles emocionalmente, aunque el impacto sobre los demás sea devastador. Suele acompañarlo una falta de empatía, que lleva a minimizar o ignorar el daño que causan.

El síndrome de Houdini tiene también su equivalente en los entornos digitales: el *ghosting*.

Es una forma de ruptura o desaparición en la que una persona, bruscamente, deja de responder a los mensajes, llamadas o cualquier tipo de contacto, sin preavisos ni explicaciones. Aunque el *ghosting* sucede principalmente con las relaciones de pareja, también puede ocurrir en el ámbito laboral o de amistad.

Recuperar el valor del compromiso requiere un cambio de mentalidad. Es necesario entender que comprometerse no significa renunciar a la libertad, sino invertir en algo que realmente importa. De hecho, por definición, el compromiso es adquirido libremente, por lo que debemos evitar las influencias externas y las presiones familiares, profesionales o sociales a la hora de tomar una decisión que supone implicarse hondamente.

Comprometerse implica establecer metas claras, ser coherentes con nuestros valores y aprender a superar las dificultades en lugar de evitarlas. Un compromiso hace referencia a un acuerdo, asumiendo las condiciones y las obligaciones que supone. Se da cuando nos implicamos al máximo para cumplir con lo pactado, removiendo los obstáculos. Es tener una meta e ir a por ella cueste lo que cueste.

Normalmente, el compromiso se estipula entre al menos dos personas que cumplen ciertos roles en el acuerdo, aunque también podemos establecer un compromiso personal con nosotros mismos. El compromiso puede implicar una inversión emocional, porque es un sentimiento relacionado con el objetivo deseado y puede ser el motor que inspire la determinación necesaria para lograrlo. Para comprometerse de verdad es imprescindible que el propósito se establezca desde la sinceridad con uno mismo y con los demás, con consciencia de las propias limitaciones, pero también de las del otro. Si alguien espera una mujer, un marido, un amigo o un trabajo perfectos se va a equivocar seguro. Es decir, todo compromiso tiene que ser humilde y adaptado a las aptitudes y recursos, que suelen ser bastante menores de los que creemos. Pero, con nuestras limitaciones, tenemos que responsabilizarnos en cumplir aquello que nos proponemos. Como somos débiles e imperfectos es bueno compartir tus metas con aquellos que quieres. Te podrán apoyar en el proceso, y en algunos casos te darán sugerencias que pueden enriquecer tu compromiso.

El compromiso, lejos de una imposición, es un valor que nos brinda la oportunidad de vivir la vida que deseamos, o, al menos, de intentarlo. Además, supone tomar conciencia de lo importante que es cumplir con lo acordado, de ser alguien fiable, de tener sentido de la responsabilidad. Cuando nos comprometemos dejamos algo de nosotros mismos. «En un plato de huevos con bacón —decía el magnate australiano Richard Pratt—, el cerdo está comprometido, mientras que la gallina sólo está implicada». El símil, sin embargo, es imperfecto: cuando nos comprometemos nos hacemos mejores, algo que no puede decir el cerdo de ese plato.

4.
NUESTROS HIJOS NO COBRARÁN PENSIONES

EL ENVEJECIMIENTO de la población y la falta de natalidad están poniendo en jaque los sistemas de pensiones. Las generaciones futuras enfrentarán una realidad económica incierta. El sistema que conocemos hoy en día fue diseñado bajo premisas muy distintas a las actuales. Originalmente, funcionaba como un contrato social: las generaciones activas mucho más numerosas que la población anciana, sostenían a las generaciones ya retiradas. Sin embargo, este modelo depende de una población creciente, y de una relación favorable entre cotizantes y jubilados...

Nuestro sistema público de pensiones se creó en los años 60, es un modelo de reparto similar a la mayoría de los países europeos; las pensiones en cada momento se pagan con los cotizantes del mismo periodo, por lo que las del futuro dependerán del necesario equilibrio entre cotizantes y pensionistas. Es un sistema de carácter profesional, como el que estableció por vez primera Bismark en su unificada Alemania. Durante la vida laboral de un trabajador, tanto él como su empleador cotizan a la Seguridad Social, y la cuantía de la pensión que recibirá tras su jubilación, dependerá de los años de cotización y del valor de las mismas, es decir, tiene un carácter contributivo. Además, existe un sistema asistencial para aquellas personas que no han cumplido los requisitos mínimos para acceder a la pensión contributiva (que actualmente son haber cotizado un mínimo de 15 años) y demuestran una situación de necesidad.

En España cotizan unos 21 millones de trabajadores, y tenemos unos 10 millones de pensionistas. Es decir, la ratio entre cotizantes y pensionistas es de 2,1, una ratio que va bajando, provocando un déficit en el modelo de miles millones de euros. Nuestro sistema está diseñado para que trabaje la gran mayoría de la población —como sucedía cuando se creó—, se jubilen relativamente pocos, y vivan de media unos 10-11 años tras la jubilación. Nada de esto sigue siendo así, por lo que me temo que tenemos un modelo insostenible. Las pensiones públicas ya representan el 13 % del PIB, con una clara tendencia a crecer. Ya sucede a fecha de hoy, por el largo periodo de percepción de la pensión, que casi nadie ha cotizado lo suficiente para el total de pensión que acaba recibiendo.

Tenemos unas tasas de natalidad en declive (se habla de suicidio demográfico). Si añadimos una mayor esperanza de vida y los cambios en el mercado laboral, creamos una tormenta perfecta que pone en peligro la sostenibilidad del sistema, debido a una constante reducción de trabajadores activos por cada jubilado, que acabará colapsando el sistema.

A largo plazo, ¿existirán las pensiones y la jubilación? Pensar en ahorrar de cara a la jubilación cuando se inicia uno en el mercado laboral puede parecer extraño, pero si las pensiones públicas, como hoy las conocemos, tienen fecha de caducidad, habrá que empezar a planteárselo. Deberíamos comenzar potenciando el Sistema Complementario de Capitalización, para lo que es imprescindible potenciar el ahorro (planes de pensiones), desfiscalizándolo.

La Mochila Austriaca podría paliar el problema. Este sistema, implantado en Austria en 2003, establece un fondo para cada trabajador en función del salario que tiene y que se va acumulando en el tiempo que está trabajando en esa empresa. Cuando el trabajador se va de la empresa, se lleva consigo esa "mochila", puede disponer de ese fondo o llevárselo a la siguiente empresa. La mochila es un extrasalarial que el trabajador acumula y del que dispone al final de su vida laboral, si no lo ha utilizado antes. Retrasar la edad de jubilación, tanto la obligatoria como la voluntaria, también supondría un paso hacia la sostenibilidad del sistema.

¿Hay alternativas a este escenario? Las hay, pero no son fáciles. Promover la natalidad parecería la lógica, pero es complicado. Consigue unos resultados modestos y, en general, hay poca voluntad política para hacerlo.

¿Apostar por una inmigración masiva que rejuvenezca la población? No parece fácil. El Banco de España ha calculado que el país necesita unos 24 millones de inmigrantes más en edad de trabajar en 2053 para mantener la economía del país y contrarrestar la falta de natalidad y el envejecimiento de la población. Pero España no genera tanto empleo. Además, la mayoría de los empleos a los que acceden los inmigrantes suelen estar mal pagados, y cotizan muy poco a la Seguridad Social. Los inmigrantes no pagarán las pensiones de los españoles.

¿Podrían la inteligencia artificial y los robots pagar las pensiones de nuestros hijos? Cada vez es más frecuente que los algoritmos informáticos y la robotización reemplacen a los humanos en las tareas más mecánicas. ¿Pagarán impuestos? Algunos expertos proponen su participación en la facturación de las empresas a efectos tributarios y de cotización a la seguridad social. El mismo Bill Gates abogó hace tiempo por imponer una tasa a la robotización. En ese caso, habría que definir cómo hacerlo. Hay varias opciones que se pueden combinar: dotar de personalidad jurídica al robot, aplicarle una renta ficticia a partir del trabajo que sustituye, imponer un impuesto a dicha renta, establecer un impuesto en el momento de la adquisición del robot, o gravar la producción del robot con un nuevo impuesto de sociedades.

¿Y si nada de esto se hace? Pues me temo que no se puede garantizar la sostenibilidad del modelo.

5.
SOLO HAY DOS SEXOS

Los HOMBRES TENEMOS cromosomas XY en todas nuestras células y las mujeres cromosomas
XX en todas las suyas. Es decir, todas mis células
son masculinas. Y esto es algo que no se puede
cambiar. No existen operaciones ni tratamientos
de cambio de sexo. Se puede cambiar la genitali-
dad (o intentarlo), el aspecto físico, se pueden usar
tratamientos hormonales, con los efectos secun-
darios que conllevan, pero no se puede cambiar el
sexo. Y me temo que esto es así, y es así no porque
lo diga yo... o porque lo diga Donald Trump. La
biología no es una opinión y los hechos biológicos
deberían ser esenciales para comprender nuestra
naturaleza y nuestra sociedad.

Todas las mujeres reciben un cromosoma X
de su padre y otro de su madre. Cuando un

espermatozoide con cromosoma X fecunda un óvulo (que siempre tiene cromosoma X) el resultado es un embrión femenino que dará lugar a una niña, y esta, a una mujer. Cuando un espermatozoide que fecunda el óvulo tiene un cromosoma Y, el resultado es un embrión masculino que dará lugar a un niño, y este a un hombre. Ergo el sexo lo aporta el padre, dependiendo de que el espermatozoide campeón que gana la carrera tenga cromosoma X o Y.

Como consuelo para las mujeres, que no "pintan" nada en el sexo de sus hijos, las madres aportan el citoplasma y sus orgánulos, incluidas las mitocondrias, esas pequeñas fábricas de energía que tienen nuestras células. Desde que me enteré de esto me pareció poético que la energía nos la den nuestras madres. A diferencia de nuestro ADN principal, el nuclear, que heredamos de ambos progenitores, el ADN mitocondrial se transmite exclusivamente por la línea materna. Los espermatozoides humanos carecen de ADN mitocondrial funcional, lo que impide que los descendientes hereden las mitocondrias del padre. Solo el ADN mitocondrial presente en los óvulos, que sí conserva esta información genética, se transfiere al nuevo ser humano durante la fecundación. Es también interesante constatar que, al no recombinarse durante la reproducción (como ocurre con el ADN nuclear), el ADN mitocondrial, salvo mutaciones, permanece invariable de generación en generación.

Pero volvamos al sexo. El sexo es importante, ya que determina una parte fundamental de nuestras características físicas y mentales. También afecta a nuestra comprensión y percepción del mundo. El sexo cromosómico determina nuestro sexo gonadal (los cromosomas XY de los varones testículos, los XX de las mujeres ovarios) y las hormonas producidas en las gónadas determinan nuestro sexo fenotípico (el aspecto externo masculino o femenino). Este sistema cromosómico está presente en los mamíferos, y dicta el desarrollo de las características sexuales primarias y secundarias. La existencia de dos sexos responde a la necesidad evolutiva de la reproducción sexual, un mecanismo que, al mezclar material genético de dos individuos para generar descendencia, es enriquecedor y genera una nueva vida que lleva información genética de ambos progenitores. De hecho, la existencia de dos sexos es una estrategia evolutiva que ha demostrado ser exitosa en una amplia gama de especies. La reproducción sexual permite una mayor variabilidad genética, lo que aumenta las probabilidades de supervivencia frente a cambios ambientales. Aunque existen organismos que se reproducen asexualmente, son organismos inferiores. La mayoría de las especies complejas han evolucionado hacia un sistema de dos sexos debido a las ventajas que ofrece.

¿Y qué pasa con la intersexualidad y con las excepciones en las que la información cromosómica es distinta a XX o XY? Lo primero que hay que decir es que se trata de situaciones raras (afectan a menos de 1 de cada mil recién nacidos), patológicas, que determinan que algunas personas nazcan con variaciones en sus características sexuales que no encajan completamente en las categorías de varón o mujer. Estas condiciones pueden incluir anomalías cromosómicas, como el síndrome de Klinefelter (en el que hay varones que tienen un cromosoma X de más, es decir sus células en vez de tener XY tienen XXY) o el síndrome de Turner (mujeres con un cromosoma X de menos, es decir con células que en vez de tener XX tienen X). Pero también incluyen distintas variaciones hormonales o anatómicas.

Existe una patología aún más rara, que afecta a 1 de cada 80.000 recién nacidos: el síndrome de Swyer. Este síndrome se considera una "disgenesia gonadal completa pura", en el que los pacientes, pese a tener cromosomas XY, por una mutación o deleción genética, tienen un fenotipo femenino. Estas personas tienen apariencia de mujer y ausencia completa de tejido gonadal (no tienen ni testículos ni ovarios). Estas mujeres XY tienen órganos sexuales como vagina, útero y trompas de Falopio, aunque, como ya he comentado, carecen de ovarios. En algunos pacientes este síndrome se produce por mutaciones en el gen SRY, un gen del cromosoma Y esencial para la determinación del sexo del varón y para la masculinización de los genitales externos.

¿Qué nos enseñan estas condiciones excepcionales, algunas también presentes en determinados animales? Que existen desviaciones patológicas del desarrollo sexual típico de macho/varón y hembra/mujer. También sabemos que hay personas que nacen con seis dedos (algunas incluso con más) en una mano, y esto no invalida el hecho de que los seres humanos tenemos manos con cinco dedos. Solo indica que hay raras excepciones.

¿Y qué pasa con el género? Hasta los años 60, cuando nos referíamos a una persona, el único género relevante era el humano que nos engloba a todos. En 1963, Robert Stoller introdujo la distinción sexo/género en el Congreso Psicoanalítico Internacional de Estocolmo para identificar personas que, aunque poseían un cuerpo de hombre, se sentían mujeres. Se inició así un concepto con amplias repercusiones en ámbitos tan variado como el neuropsiquiátrico, sociológico, científico, legal e incluso deportivo y gramatical. En su percepción más extrema, muy habitual actualmente, pretende crear dos o más categorías de orden cultural, desconectadas de la base natural de la existencia biológica incuestionable de los sexos masculino y femenino. Esta ideológica cosmovisión distorsiona también la búsqueda de la igualdad de oportunidades entre los dos sexos, al crear otras categorías, distintas a la sexual.

A través del activismo político, corporativo y judicial, se ha ido incorporando este criterio de "género" en las legislaciones de cada estado y en el derecho internacional. Las repercusiones negativas para los derechos de la mujer han permitido nuevas discriminaciones aún más claras que las que ya existían. Ahí están los resultados de las pruebas deportivas adulteradas o los hombres que acceden a plazas reservadas a mujeres (por ejemplo, en los cuerpos y fuerzas de seguridad), tras superar pruebas físicas que deberían ser específicas para ellas.

La gran falacia de la ideología de género es que el sexo "cultural" se autodetermina libremente. Se confunden sentimientos subjetivos y hechos objetivos, convirtiendo al sexo en una libre elección ejercida a partir de una asignación cultural. Según esta ideología somos libres de rechazar o aceptar la asignación supuestamente extrínseca y arbitraria de la diferencia sexual. A este rechazo al sexo biológico se denomina desde los años 60 "trans" y, en 1991, el psiquiatra alemán Volkmar Sigusch propuso denominar, hay que reconocer que con gran éxito, "cis" a la aceptación del sexo propio. Muchas de las principales revistas de medicina ya recomiendan/exigen hablar de mujeres cis o de hombres cis en artículos que estén enfocados en el sexo femenino o en el masculino.

¿Hay libertad de expresión en este ámbito? ¿El discurso del odio o el cordón sanitario podrían ser modos de silenciar toda disensión?

¿Cuánto componente ideológico contiene la guerra del lenguaje? Hablar de "mujeres" puede resultar ofensivo: son personas que menstrúan. Y si me siento mujer, sin que medie informe médico alguno, puedo exigir un cambio de nombre y de sexo en el Documento de Identidad, y usar el cambio legal de sexo para tener beneficios legales o penales. Lo daños colaterales van siendo numerosos.

Pese a las argucias posmodernas por reducir el sexo a una ficción cultural, la realidad se impone de manera inevitable. Por ello la ideología dominante ha optado por disociar el propio cuerpo sexuado de la constitución somato-psico-social. Se busca eliminar el concepto de sexo, al menos del registro público. Lo único socialmente relevante y legalmente determinante sería el sentimiento subjetivo de lo que llaman género, que debe ser registrado públicamente y protegido por ley.

¿Y el sexo? Pues a pesar de su carácter objetivo, evidente y público, debe desaparecer o convertirse en una cuestión privada, sujeta a leyes de confidencialidad y apercibimiento de sanciones en caso de violarse el derecho a la supuesta intimidad de que se desconozca nuestro sexo (biológico). Se reduce así a las personas a productos culturales extrínsecamente construidos.

La repetición compulsiva de una ingeniería social y de lenguaje ha normalizado realidades que, por mucho que se nos presenten como ciertas, no lo son. Con la ayuda de lobbies, protocolos y consignas repetitivas establecidas en laboratorios de diseño ideológico, se va construyendo una nueva realidad, que se introduce de modo impositivo en ambientes culturales y educativos.

Esta operación de vaciamiento y disolución semántica es justamente la estrategia de la ideología de género, que busca convertir el lenguaje en un juego de palabras vacías capaces de producir y justificar cualquier género, sexo, cuerpo o subjetividad.

En 2024 la *European Society for Child and Adolescent Psychiatry* publicó una oportuna declaración sobre la atención a menores con disforia de género, realizando un llamamiento a la «necesidad urgente de salvaguardar los estándares clínicos, científicos y éticos». Debería ser de lectura obligada para todo profesional sanitario. También para los políticos.

Entre otras cosas los expertos europeos destacan:

1) las condiciones más comunes reportadas antes de la aparición de los síntomas de la disforia de género incluyeron trastornos del desarrollo neurológico (especialmente autismo), formas graves de depresión y ansiedad y tendencias suicidas, así como la experiencia de un trauma (incluido el abuso sexual);

2) las guías aconsejan que los procedimientos quirúrgicos deben realizarse después de los 18 años;

3) las investigaciones encontraron consecuencias graves para la salud de los bloqueadores de la pubertad y las hormonas, particularmente cuando se inician en menores;

4) Conviene recordar los principios de la bioética:

—*no maleficencia* (no utilizar fuera del entorno de investigación ninguna intervención experimental con efectos potencialmente irreversibles o intervenciones con consecuencias desconocidas a largo plazo, no adoptar nuevas prácticas prematuramente sin pruebas suficientes);

—*beneficencia* (garantizar un diagnóstico y tratamiento adecuados de los trastornos psiquiátricos coexistentes y evaluación diagnóstica integral de la disforia de género en lugar de confiar únicamente en la autoevaluación de los menores),

—*autonomía* (adoptar un proceso de consentimiento informado adecuado para decisiones posiblemente irreversibles y de por vida, asegurando que los menores comprendan plenamente los riesgos potenciales, y considerar los derechos de sus padres a dar su consentimiento a cualquier intervención importante, ofrecer apoyo y recursos adecuados a quienes decidan realizar la destransición y respetar su decisión de hacerlo), y

—*justicia* (garantizar el acceso a información durante la transición o destransición, y proteger los derechos de los menores como grupo en una fase de desarrollo particularmente vulnerable).

Las revisiones del *National Institute for Health and Clinical Excellence* (NICE) y otras independientes de Reino Unido, Suecia, Finlandia y Alemania criticaron sistemáticamente la base de evidencia actual de los bloqueadores de la pubertad y las hormonas. Estas revisiones han puesto de relieve importantes fallas conceptuales y metodológicas. También han mostrado que la evidencia sobre su beneficio es inexistente o muy limitada. Además, la revisión alemana señaló la poca confiabilidad e inestabilidad de un diagnóstico de disforia de género en menores a lo largo del tiempo y los posibles efectos de bloquear la pubertad en el desarrollo psicosocial y la salud mental. Recomiendan principalmente intervenciones psicoterapéuticas. La *European Society for Child and Adolescent Psychiatry* pide a los proveedores de atención médica que no promuevan tratamientos experimentales e innecesariamente invasivos con efectos psicosociales no probados y, por lo tanto, que se adhieran al principio *primum non nocere*, tan importante en la medicina.

Las amputaciones y extirpaciones de órganos son irreversibles y los tratamientos hormonales aumentan el riesgo de cáncer, enfermedades cardiovasculares y osteoporosis. Pero, más que empeñarse en defender a niños y adolescentes, la sociedad parece apostar por la criminalización de cualquier injerencia adulta en la libre determinación de género de los menores.

La sustitución del "sexo" por la "identidad de género" también tiene grandes repercusiones económicas en cuidados médicos y prescripciones farmacológicas. Las verdaderas feministas están cada vez más preocupadas por esta deriva sinsentido que está logrando no solo una confusión esquizoide entre ficciones subjetivas y hechos objetivos, sino que primen las primeras frente a los segundos.

Reconocer que solo hay dos sexos biológicos tiene implicaciones importantes en otros campos como la medicina, la biología y la educación. Sin embargo, cada vez es más fuerte el movimiento que busca desdibujar o incluso negar la existencia de dos sexos biológicos. Algunos tratamientos y técnicas diagnósticas se diseñan y utilizan teniendo en cuenta las diferencias sexuales. No hacerlo pondría en riesgo a los pacientes. En la biología y la ecología, el entendimiento de los roles reproductivos de machos y hembras es esencial para estudiar el comportamiento animal y la conservación de las especies. Ignorar esta distinción podría llevar a errores significativos en la interpretación de datos y en la implementación de estrategias de conservación.

En el caso de los deportes, ya son varios los casos de atletas varones mediocres que se hacen campeones cuando se les permite competir frente a mujeres, aprovechando su mayor masa muscular y densidad ósea. En los ámbitos educativos, presentar una visión errónea o incompleta de la biología puede confundir a los estudiantes y socavar la comprensión científica.

Que solo hay dos sexos no es, ni debería interpretarse, como una postura política ni ideológica. No es de "derechas" o de "izquierdas". La existencia de, únicamente, dos sexos es un hecho respaldado por siglos de investigación científica y por los avances técnicos más recientes. Negar esta realidad tiene consecuencias perjudiciales en esferas como la medicina, la educación y la justicia social. Evidentemente que esta tajante afirmación se debe de hacer desde el respeto y la empatía, pero también desde un rigor intelectual que permita a la ciencia fundamentar nuestras decisiones y nuestras sociedades.

6.
LA FIDELIDAD NOS HACE FELICES

LA FIDELIDAD ES UN VALOR que, aunque parece cada vez más desfasado e incluso ridiculizado (no hay más que ver películas y series), es fundamental para construir relaciones significativas y duraderas. La fidelidad (que viene de *fides* - lealtad) se asocia con la felicidad (que viene de *felix* - fértil). En una sociedad donde la libertad personal es altamente valorada, parece difícil explicar por qué la fidelidad tiene el potencial de hacernos felices y cómo su práctica puede transformar nuestras relaciones y nuestra percepción de la vida.

Pese a nuestra visión algo negativa actual, la fidelidad, entendida como la lealtad y el compromiso con una persona, idea o causa, ha sido muy valorada a lo largo de la historia. Antiguas civilizaciones y sociedades modernas han considerado la fidelidad como un pilar de la confianza y estabilidad, clave para la construcción de una familia y una sociedad fuertes y sanas. En el contexto de las relaciones personales, la fidelidad implica un compromiso mutuo que debe ir más allá, e incluir la exclusividad sexual. El fiel también es leal con sus emociones y pensamientos (o lo intenta), muestra respeto y tiene una dedicación vital hacia el bienestar del otro. En un mundo donde las distracciones y las tentaciones están a la orden del día, mantener la fidelidad puede parecer imposible, un desafío para algunos inalcanzable que ni se atreven a plantear, pero es precisamente en el contexto actual donde su valor se hace más necesario y evidente.

Distintos estudios en psicología y neurociencia han demostrado que las relaciones comprometidas y estables están asociadas con mayores niveles de felicidad y bienestar. Esto se debe, en parte, a que las relaciones fieles generan un entorno de seguridad y confianza, una estabilidad emocional y psicológica que facilita expresarse libremente, sin temor (o con menos miedo) al juicio o al rechazo. Cuando somos fieles a nuestro cónyuge o a nuestra pareja, fomentamos una conexión emocional profunda que activa sistemas en el cerebro relacionados con el apego y la recompensa, fortaleciendo los lazos afectivos y promoviendo sentimientos de satisfacción y felicidad. Además, la fidelidad reduce el estrés asociado con la incertidumbre y los conflictos. Las relaciones infieles o marcadas por la deslealtad suelen estar llenas de tristezas (que se lo digan a alguien que ha sido traicionado), tensiones y sospechas, lo que suele llevar a una disminución significativa del bienestar emocional.

La fidelidad, si es permanente por ambos miembros de la pareja, también protege frente a enfermedades de transmisión sexual, cada vez más frecuentes. La propia Organización Mundial de la Salud la incluyó en su estrategia escalonada ABC (*Abstinence, Be faithful, Condom*: practica la abstinencia hasta el matrimonio, sé fiel o, si no, usa preservativo). Seguir esta estrategia, desarrollada en respuesta a la epidemia de VIH-SIDA —fundamentalmente en África—, previene también la propagación de otras infecciones de transmisión sexual.

Pero la fidelidad no se limita a las relaciones de pareja, se extiende a otros ámbitos de la vida, como las amistades, el trabajo y las instituciones.

Ser fiel a nuestros principios y compromisos nos ayuda a construir una identidad coherente y a ganarnos el respeto y la confianza de quienes nos rodean. La fidelidad es clave en la amistad. No me resisto a citar el Antiguo Testamento: «Un amigo fiel es un refugio seguro, quien lo encuentra ha encontrado un tesoro. Un amigo fiel no tiene precio y su valor es incalculable» (Eclesiástico 6,14-15). Qué pena que el Eclesiástico no lo asuman las iglesias protestantes (es un libro deuterocanónico, es decir, que solo forma parte del Canon de las iglesias cristianas ortodoxas, orientales, y de la católica).

En cualquier caso, ya antes de nuestra era se reconocía el gran valor de las amistades fieles, aquellas que son para siempre, que perduran a pesar de los desafíos y de las diferencias. La lealtad en una amistad significa estar presente en los momentos difíciles, mantener la confidencialidad y valorar la relación por encima de los intereses propios. Los que tenemos un buen amigo (o varios) sabemos que es alguien con el que puedes contar, que te contesta sí antes de saber lo que le estás pidiendo y que te dice lo que necesitas oír, aunque pueda no gustarte.

Si un amigo es un tesoro, tener un compañero fiel en el trabajo mejora la productividad, el bienestar emocional y mental, y, para mí, es lo que más contribuye a un ambiente laboral positivo. Ser leal a nuestros principios éticos y a las metas de nuestra organización nos convierte en compañeros fiables, en empleados o gestores más honestos y efectivos. La fidelidad en este contexto también implica ser responsable, así como apoyar a nuestros compañeros, tanto en sus éxitos y desafíos como en sus fracasos y decepciones. Ser fiel y fiable es clave para conseguir triunfar trabajando en equipo, permite el cumplimiento de objetivos, incrementa la motivación de tus colegas y facilita que surja la creatividad y las habilidades del otro.

Pero quizá la forma más notoria de fidelidad, que puede fundamentar las previas, es la lealtad a nuestras propias convicciones, creencias, valores y metas. Ser fieles a nosotros mismos significa actuar en alineación con nuestra conciencia y no comprometer nuestra integridad por conveniencia, presiones externas, leyes injustas o por el qué dirán. Nuestros comportamientos impactan a otros, pero también a nosotros. Para ser fiel a uno mismo hace falta control personal y buscar el crecimiento como persona, marido o mujer, trabajador, etc. Nuestra propia fidelidad nos ayudará a tomar las mejores decisiones, aun cuando sean difíciles y se acompañen de sufrimiento.

Ahora bien, siendo realistas, la fidelidad, sobre todo la de pareja, puede ser difícil de mantener en ciertas circunstancias:

—una de las más propicias para su quiebra es la falta de comunicación. No conocerse a uno mismo y la falta de diálogo abierto y honesto con el otro puede erosionar la confianza en una relación, haciendo que la fidelidad se sienta como una carga en lugar de un compromiso voluntario;

—también las tentaciones externas, cada vez más frecuentes, en un mundo hiperconectado e hipersexualizado, donde las distracciones están frecuentemente al alcance de la mano;

—las redes sociales, las aplicaciones de citas y las interacciones superficiales con compañeros y conocidos pueden poner a prueba la fidelidad;

—también supone un riesgo idealizar a nuestra pareja o nuestras relaciones. Nadie es perfecto y la mayoría estamos muy lejos de serlo. Esta idealización acaba llevando a desilusiones cuando, más pronto que tarde, se cae en la cuenta de que la realidad no cumple con nuestras expectativas, y se busca esa perfección y satisfacción fuera de la relación.

No nos engañemos, mantener la fidelidad requiere esfuerzo y dedicación, pero os aseguro que las recompensas valen la pena. Como ya he comentado, mucho de ese esfuerzo debe enfocarse en la comunicación, base de cualquier relación exitosa. Dedicarse tiempo a uno mismo y al otro, compartir pensamientos, sentimientos y preocupaciones: así se fomenta la confianza y se reduce la posibilidad de malentendidos (y no rompes con tu novia tras verla demasiado afectuosa con un chico, que finalmente era su hermano).

La empatía es clave. Es ponerse en el lugar del otro y hacérselo saber. Comprender las necesidades y emociones de nuestra pareja nos ayuda a conectar a un nivel profundo, a priorizar la relación sobre los deseos egoístas, a saber lo que de verdad le importa. También conviene establecer límites claros, definir lo que significa la fidelidad para ambas partes. Así se previenen conflictos y malentendidos. Busquemos pasar tiempo juntos, tiempos de calidad y cantidad, que ayuden a mantener la conexión emocional y a reforzar el compromiso. Cultivemos la gratitud, apreciemos los esfuerzos y cualidades del otro, aunque a veces no nos resulten evidentes. Esas actitudes fortalecen el vínculo y fomentan un ambiente de respeto mutuo.

Ser fiel no solo beneficia a nuestras relaciones, a nuestro entorno y a nuestra empresa e institución: también contribuye a nuestro propio crecimiento personal. La fidelidad nos desafía a ser mejores versiones de nosotros mismos, ya que exige disciplina, paciencia, entrega y compromiso. Estos atributos son esenciales para alcanzar nuestras metas personales y profesionales. Además, la fidelidad nos enseña a valorar lo que tenemos y a resistir la tentación de buscar gratificaciones instantáneas, priorizando compromisos a largo plazo.

Es posible enseñar a nuestros hijos a ser fieles, vale la pena al menos intentarlo. Esta perspectiva largoplacista nos permite encontrar una felicidad más profunda y duradera, basada en la satisfacción de construir algo significativo y sostenible, no en el placer efímero. La fidelidad, lejos de ser una restricción, es una elección que libera del estrés de la desconfianza, de las consecuencias de la deslealtad y de la superficialidad de las conexiones pasajeras. Optamos por la profundidad, la estabilidad y el crecimiento. En un mundo donde la felicidad a menudo se busca en lugares equivocados, la fidelidad nos recuerda que las mayores recompensas provienen de invertir a largo plazo en nuestras relaciones y en nosotros mismos. Al abrazar la fidelidad como un valor fundamental, no solo encontramos felicidad, sino también significado y propósito en nuestras vidas.

7.
SI VAS A SER PADRE...
MEJOR SIENDO JOVEN

Cualquiera lo diría, viendo cómo se retrasa cada vez más la edad a la que se tiene el primer hijo, pero la paternidad-maternidad joven tiene indudables ventajas biológicas, emocionales y sociales. Todas ellas han sido desestimadas en una era que prioriza el supuesto desarrollo personal y profesional, así como la independencia y seguridad económica, antes que la formación de una familia. Para hacernos una idea, en 1975, la edad media con la que las españolas tenían su primer hijo era 25 años. Ahora, los últimos datos indican que nos estamos aproximando a los 35 años, una edad que ya se califica de "avanzada".

Convertirse en padre es una de las decisiones más trascendentales en la vida de una persona.

Aunque, como hemos visto, la sociedad tiende a retrasar cada vez más la edad de formar una familia, existen muchos motivos para convertirse en padre a edades relativamente jóvenes. Desde las implicaciones biológicas (especialmente importantes en las mujeres) hasta las ventajas emocionales y prácticas: ser padre joven ofrece beneficios únicos que muchas veces se pasan por alto.

La biología humana favorece la reproducción en las etapas tempranas de la vida adulta. Durante los veinte y principios de los treinta, tanto hombres como mujeres están en su época de mayor fertilidad. No es casualidad que, en los hombres, la calidad del esperma sea máxima, mientras que, en las mujeres, la reserva ovárica y la salud general del aparato reproductor también están en su apogeo.

Desde un punto de vista biológico, reduce el riesgo de complicaciones de salud en la madre y en el bebé. Por ejemplo, hay menor riesgo de alteraciones cromosómicas como el síndrome de Down, cuya probabilidad se incrementa con la edad avanzada de los óvulos. También aumenta el riesgo de infertilidad a medida que avanza la edad. Las parejas que intentan concebir en edades más avanzadas enfrentan mayores tasas de esterilidad, aún más en el caso de las mujeres. Además, desde el punto de vista físico, ser joven es tener más energía para cuidar de un bebé y participar activamente en su crianza.

La juventud trae consigo un entusiasmo y una adaptabilidad que pueden ser beneficiosos para enfrentar los retos de la paternidad. Los padres jóvenes tienden a estar más abiertos a aprender, cambiar y adaptarse, lo que les permite establecer una conexión fuerte con sus hijos desde una edad temprana. Al tener menor diferencia de edad, la brecha generacional es menor, lo que puede facilitar la comunicación y el entendimiento entre padres e hijos y fomentar una relación más cercana y significativa.

Los jóvenes también suelen tener una mayor capacidad para manejar el estrés y adaptarse a los cambios. Algo que puede ser especialmente útil cuando se enfrentan a las demandas constantes de criar a un niño. Además, si nos convertimos en padres a una edad temprana, probablemente tengamos la posibilidad de disfrutar más años junto a nuestros hijos. Esto significa que, en muchos casos, podremos ser abuelos activos e incluso participar en buenas condiciones en eventos importantes de la vida de nuestros nietos.

Ser joven puede implicar tener menos recursos financieros al inicio (lo cual puede no ser malo y facilitar una educación de sana austeridad). Pero también hay ventajas prácticas que a menudo se subestiman: hay más tiempo para construir estabilidad financiera, planificando mientras los hijos crecen. Es más fácil que padres jóvenes desarrollen una mentalidad orientada a objetivos a largo plazo, lo que puede traducirse en decisiones económicas y profesionales más responsables.

Por supuesto, la paternidad joven también conlleva retos: la falta de estabilidad económica, la inexperiencia (también la sufren los padres primerizos de edad madura) y la lamentable percepción social de estar "perdiendo" la juventud. Más que poner cosas en una balanza, lo importante es centrarse en lo que se gana: crecer junto a un ser humano y participar en la aventura de construir un legado desde una edad temprana.

De acuerdo, ser padre joven no es para todos, pero ofrece ventajas únicas que pueden proporcionar una vida plena. La energía, la adaptabilidad y la posibilidad de construir una relación cercana con los hijos son factores que hacen que la paternidad temprana sea una experiencia gratificante. Claro que, más allá de la edad, lo importante es el compromiso, el amor y la dedicación que se pone en el rol de ser padre. Sin embargo, aquellos que eligen esta ruta en su juventud descubren que, con la ayuda adecuada y una mentalidad positiva, pueden empezar pronto a disfrutar construyendo una familia feliz y un futuro prometedor para sus hijos.

La paternidad, sin embargo, resulta inexplicable. Tu primer hijo es el único que te hace padre (o madre). Por mucho que te lo cuenten, no alcanzarás a atisbar qué significa hasta que lo vivas. Postergar esa experiencia —por formación, trabajo o situación económica— a menudo es un error. Algunos (y sobre todo algunas) esperan tanto a tener tal estabilidad para dar el paso, que cuando quieren ya no pueden. No dejes que te engañen.

Me gustó mucho la campaña que la Asociación de Familias Numerosas de Madrid realizó con un eslogan a contracorriente que rápidamente criticó la *wokeología* gobernante: «¿Se te está pasando el arroz? #TeLaEstánColando». Y es que nos la *cuelan* sin que nos demos cuenta. El video, muy gracioso, empieza con una frase: «Las imágenes están hechas con inteligencia artificial y no son reales… igual que las excusas que nos ponemos para no tener hijos». La lista de motivos para posponer la paternidad (o no llegar a ser padre nunca) es interminable: afianzarse profesionalmente, hacer otro máster, planteártelo solo si tu pareja es perfecta, esperar a una mayor seguridad económica, "ahora toca viajar", "ya llegará un momento mejor", "conviene antes comprar una casa", "me supera: voy a esperar cinco años", "es imposible conciliar trabajo y familia", "no quiero que me quiten tiempo para disfrutar de mi pareja", "los hijos *gastan* demasiado" … Si no sois todavía padres y tenéis edad para serlo añadid aquí vuestro motivo particular.

Curiosamente, las razones para retrasar la maternidad hasta una edad avanzada, definida como 35 años o más, están más relacionadas con factores de estilo de vida que con factores socioeconómicos: la finalización de la educación posgraduada, la seguridad financiera y el lugar donde vivir. Es posible que los factores de estilo de vida se vean más fácilmente afectados por la información sobre los riesgos asociados con la edad materna avanzada, por lo que se podría informar mejor a los jóvenes (especialmente a las jóvenes) sobre la fertilidad, sus limitaciones de edad y los riesgos médicos de un embarazo a edad avanzada.

La edad materna avanzada puede aumentar el riesgo de parto muy prematuro y muerte fetal, de manera similar al tabaquismo o al sobrepeso/obesidad. La ansiedad durante el embarazo y una experiencia negativa en general del parto son también algo más comunes en las madres primerizas de edad avanzada. Las tasas más altas de partos difíciles, con partos que terminan en cesárea de emergencia o parto vaginal instrumental, contribuyen a esto.

Sin embargo, la opinión reinante es que posponer la maternidad y paternidad hasta una edad avanzada puede ser beneficioso por la estabilidad socioeconómica y la madurez parental. Esta afirmación se ve cuestionada por diversos estudios que muestran que la satisfacción con la vida de las madres primerizas disminuye con la edad: convertirse en padre más tarde puede ser más difícil de lo esperado.

Las oportunidades para que las personas tracen su propio rumbo de vida y tomen decisiones relacionadas con la paternidad son ahora mayores que en el pasado. Sin embargo, parece que los imperativos sociales, relacionados con la maternidad y la formación de una familia, han sido reemplazados por otros, relacionado con la autorrealización y el logro. Una consecuencia no deseada es que se pueden perder los objetivos maternales, y cada vez son más las mujeres que lamentan no haber tenido tiempo para tener (más de) un hijo.

Desde un punto de vista social, las implicaciones de ese retraso y la caída de las tasas de natalidad, debería movernos a mitigar la aparente incompatibilidad entre la fertilidad y los objetivos sociales/laborales/económicos: políticas de promoción de la natalidad, estructuras de empleo favorables a la familia, guarderías cercanas, gratuitas y asequibles... Todo lo que facilite que no solo que nazcan más niños, sino que nazcan de madres más jóvenes. Tenemos también que combatir la falsa creencia de que los avances terapéuticos amplían las opciones reproductivas hasta edades avanzadas.

Dar información para que cada uno tome mejor sus decisiones es siempre buena idea, nunca paternalismo. Las madres (y los padres), por el hecho de serlo, no deberían tener que renunciar a un trabajo satisfactorio y bien remunerado, a menos que así lo decidan. Y nuestra sociedad debería implementar los mecanismos que aseguren que esto no sucede.

8.
LA VIDA HUMANA EMPIEZA EN EL MOMENTO DE LA FECUNDACIÓN

La ciencia nos proporciona datos claros sobre el inicio de la vida. La afirmación de que la vida humana comienza en el momento de la concepción está respaldada por fundamentos contundentes, desde la perspectiva científica/biológica, pero también desde la ética/filosófica, e incluso legal.

La concepción marca el inicio de la vida de un nuevo organismo. El proceso comienza con la unión del material genético del espermatozoide y el óvulo, formando una célula llamada cigoto. Este posee un conjunto completo de 46 cromosomas, que contiene toda la información genética necesaria para el desarrollo de un individuo humano único. Desde la fecundación, el cigoto actúa como un organismo coordinado, con una identidad propia y capacidad de dirigir su propio desarrollo, en un proceso continuo de crecimiento y diferenciación celular que continúa a lo largo de toda la vida.

Los estudios en embriología muestran que el cigoto es una entidad biológica distinta, con capacidad de diferenciación y de desarrollar todos los órganos y sistemas necesarios para la vida. Es un ser autónomo, aunque depende del entorno materno para su nutrición y protección. Dirige su propio desarrollo desde el inicio, sin salto cualitativo en el proceso desde la concepción hasta la muerte. Es un cambio constante y continuo. Yo soy distinto a como era en mi etapa de zigoto, pero también lo soy a cómo era en mi etapa de feto de 6 meses, de niño de 2 años o de joven de 18. Seguro que seré distinto a los 90 años (si llego). Pero en todos estos momentos era, soy y seré yo.

Nuestros primeros segundos de existencia también son determinantes, Helen Pearson publicó en 2002 en *Nature* un artículo que mostraba que guardamos memoria de nuestro primer día, porque el ingreso del espermatozoide marca nuestro primer eje, quedando establecido el eje dorsal-ventral. Como dice la

Dra. Pearson, nuestro mundo se forma en las primeras 24 horas. Ahí se decide dónde brotarán nuestra cabeza y dónde nuestros pies, y de qué lado formaremos nuestra espalda y nuestro vientre: todo se define en los minutos y horas posteriores a la unión del espermatozoide y el óvulo. El cigoto posee todo el potencial metabólico, genético, reproductor, de crecimiento y de desarrollo. Cuando queda constituido se inicia la vida de un organismo diferente, de un nuevo individuo.

El cigoto es una realidad celular distinta, posee una organización superior, gobierna su propio desarrollo, como lo comprobamos por la producción de la gonadotropina coriónica. Esta y otras hormonas de nombres impronunciables que se encuentran en las primeras horas de vida embrionaria establecen un verdadero diálogo bioquímico entre el nuevo organismo y su madre, por el que se facilitará la implantación en el útero materno y se evitará que el sistema inmunitario de la madre pueda agredir al pequeño embrión, por tener material extraño proveniente del padre.

¿Existe consenso entre los científicos sobre cuándo comienza la vida humana? Para que nos hagamos una idea —es casi unanimidad—, merece la pena citar el estudio de Steven Andrew Jacobs, publicado en 2021. Expertos biólogos de todo el mundo respondieron a la encuesta sobre cuándo comienza la vida de un ser humano. El 96 % (en concreto 5337 de un total de 5577) defendió que era en el momento de la fecundación.

Lo que creen los expertos está muy claro, pero ¿qué piensa el público?

Tenemos datos de EE. UU. que son muy preocupantes. Los estadounidenses que ven la fecundación como una "creencia filosófica o religiosa" (45 %) son prácticamente los mismos que lo reconocen como un "hecho biológico y científico" (46 %). Pero lo alarmante es que solo el 38 % considera la fecundación como el punto de partida de la vida de un ser humano. Los principios del campo de la comunicación científica implican que los científicos tienen (tenemos) la obligación ética y profesional de informar al público para capacitarlos a tomar decisiones de vida que sean coherentes con la mejor información disponible. Teniendo en cuenta esa perspectiva —un estudio reciente de EE. UU. muestra que la mayoría de la población cree que merece saber cuándo comienza la vida, para tomar así decisiones reproductivas informadas— los comunicadores científicos deberían trabajar para transmitir las evidencias científicas que muestran que la vida humana empieza con la fecundación.

La idea de que la vida comienza en el momento de la fecundación tiene también un profundo fundamento filosófico y ético. No existe ningún momento específico posterior a la fecundación en el que se pueda establecer un inicio claro de la vida humana. La concepción es el único evento que marca una transición objetiva y verificable hacia la existencia de un nuevo ser humano. Desde la fecundación, el cigoto posee el potencial inherente de convertirse en un adulto humano completamente desarrollado. Negar su humanidad en esta etapa inicial sería ignorar su capacidad intrínseca de desarrollo.

Aceptar que la vida humana comienza en la concepción tiene implicaciones significativas para cuestiones sociales y legales. Al menos en la Unión Europea sí existe un reconocimiento expreso de esta realidad. La historia que acabó en este reconocimiento es la siguiente: a petición de Greenpeace el Tribunal Federal de Patentes de Alemania declaró la nulidad de una patente de células madre embrionarias. El demandado recurrió la decisión ante la Corte Federal de Justicia de Alemania, que determinó que la resolución del recurso dependía de la interpretación de la normativa comunitaria que dictaminaba que «las utilizaciones de embriones humanos con fines industriales o comerciales» deben considerarse no patentables y planteó una cuestión prejudicial al Tribunal de Justicia de la Unión Europea.

Es importante aclarar que lo que se preguntaba al Tribunal de Justicia de la Unión Europea era el significado y alcance de la expresión "embrión humano", empleada en la referida normativa europea. Básicamente la pregunta era cuándo empezaba la vida humana. Como la directiva comunitaria no contenía una definición del término "embrión humano" el Tribunal de Justicia de la Unión Europea lo definió como aquel «organismo» que fuese «apto para iniciar el proceso de desarrollo de un ser humano». Y, en concreto, «todo óvulo humano a partir de la fecundación», debido a que «la fecundación puede iniciar el proceso de desarrollo de un ser humano». Amplió la definición para incluir el «óvulo humano no fecundado» en el que se «haya implantado el núcleo de una célula humana madura», o bien, que se haya «estimulado para dividirse y desarrollarse mediante partenogénesis».

¿Qué implicaciones tiene asumir que la vida humana empieza con la concepción?

La primera, la protección de los derechos humanos. Al ser el cigoto un ser humano, tiene los derechos inherentes, incluyendo el derecho a la vida. Es evidente que los abortos provocados privan de este derecho a centenares de miles de embriones. También lo hacen las técnicas de reproducción asistida, que los mantienen congelados *sine die,* o las prácticas que implican la destrucción de estos embriones, como la investigación con células madre embrionarias. Además, reconocer la vida humana desde la concepción debería influir en las políticas de salud y educación, para fomentar una mayor responsabilidad hacia el cuidado prenatal y el apoyo a las madres embarazadas, en particular las que atraviesan algún tipo de dificultad.

Los que se oponen a la idea de que la vida comienza en la concepción suelen hacerlo más desde una perspectiva utilitarista que desde argumentos de fondo. Algunos llegan a plantear explicaciones relacionadas con el desarrollo, la conciencia y la viabilidad que, como veremos a continuación, no aguantan un análisis profundo.

Usar la conciencia como criterio, implica que la vida humana solo adquiere valor moral cuando existe conciencia o capacidad de sentir dolor y expresarlo. Este criterio excluye a otros seres humanos, como los recién nacidos, las personas en estado de coma, o algunos discapacitados. Es éticamente insostenible.

Otro pseudoargumento defiende que la vida humana comienza cuando el feto puede sobrevivir fuera del útero. Este criterio además de ser variable depende de los avances médicos, lo que lo hace subjetivo e inconsistente. Ya hay personas que han nacido sin haber estado dentro del útero de sus madres (por embarazos ectópicos en asas intestinales) y las placentas artificiales han conseguido buenos resultados en embriones de ovejas, por lo que no es descabellado que en un futuro cercano puedan usarse en humanos.

Hay una teoría más rebuscada e insostenible que defiende que, aunque la vida humana empiece con la concepción, la madre no está embarazada desde ese momento. En mi opinión, se intenta engañar al público diciéndoles que la "píldora del día siguiente" consigue una "anticoncepción de emergencia" y no provoca nunca el aborto, porque surte su efecto siempre antes del "embarazo" (llaman embarazo a la implantación).

Es cierto que la implantación en el endometrio uterino se suele producir aproximadamente a la semana de la fecundación. Pero ni siquiera es obligatoria la implantación endometrial uterina (no sucede en los embarazos ectópicos) ni hay ninguna justificación científica que permita afirmar que el embarazo solo se inicia con la implantación del embrión en el endometrio.

Por último, el argumento de que el desarrollo humano es progresivo sí es verdadero. Pero que sea gradual para nada invalida que el inicio de este proceso ocurra en la concepción. Además, el desarrollo es particularmente rápido. A los dieciséis días de la concepción, cuando muchas madres ni siquiera sospechan que están embarazadas, ya tenemos un latido cardíaco primitivo.

La concepción no es solo un evento biológico, sino un momento trascendental que marca el comienzo de una nueva vida humana. Desde el punto de vista científico, filosófico y ético, hay razones convincentes para afirmar que la vida humana empieza en ese instante. Aceptar esta realidad no solo nos desafía a proteger a los más vulnerables: también nos invita a reflexionar sobre el valor y la dignidad inherentes de cada ser humano, desde el momento de su concepción hasta el final de su vida.

9.
NO DEBEMOS MATAR
A UN SER HUMANO

El valor intrínseco de la vida humana no debería cuestionarse nunca. Sin embargo, lo hacemos a diario: abortos, eutanasias, suicidios y pena de muerte. El principio básico de respeto a la vida es una de las bases más fundamentales de cualquier sociedad civilizada, de las principales religiones y de casi todas las culturas. El valor de la vida humana ha sido reconocido desde la antigüedad y el concepto de que cada ser humano es un fin en sí mismo y no debe ser tratado como un medio tiene (o debería tener) plena vigencia hoy en día.

Esta perspectiva es la base de la Declaración Universal de los Derechos Humanos que justifica rechazar la discriminación basada en capacidades, sexo, raza, edad (desde la concepción hasta la muerte natural) o situación (social, económica, de salud/discapacidad/enfermedad). De hecho, la protección de la vida es uno de los principales objetivos de nuestra organización social. Los gobiernos y las leyes tendrían que garantizar que los ciudadanos no puedan quitar la vida a otros impunemente.

Como hemos visto en el capítulo anterior, la ciencia biológica respalda la idea de que cada vida humana es única e irrepetible desde el momento de la concepción. Cada ser humano es único y tiene un ADN y unas características que lo distinguen de los demás. La idea de que todos los seres humanos tenemos derecho a vivir crea una base para la convivencia pacífica y nos asegura también protección a nosotros mismos. Si negamos este derecho a otros, por muy pequeños (o ancianos/enfermos) que sean, también estamos poniendo en riesgo nuestra propia seguridad, presente o futura. La regla de tratar a los demás como nos gustaría que nos traten es un pilar de la ética y la moral que debemos respetar y que fundamenta la cultura de la vida. Elegir la vida, incluso en circunstancias difíciles, es un acto de valentía, pero también de esperanza. Al respetar la vida de cada ser humano, afirmamos nuestra propia humanidad y construimos una sociedad donde la dignidad y la paz pueden florecer.

La cultura de la muerte, que justifica la violencia más o menos evidente, de terminar intencionadamente con la vida de un ser humano, acaba teniendo un impacto negativo en la sociedad. Genera más dolor y sufrimiento, es un caldo de cultivo de miedo y desconfianza, y erosiona o incluso destruye los lazos familiares, sociales y la relación médico-paciente. Al poner en causa el derecho a la vida, se cuestionan todos los demás, ya que sin vida no pueden ejercerse. La cultura de la muerte es particularmente peligrosa para los más vulnerables, los que no tienen quién los defienda, los que generan gasto si viven y beneficio si mueren.

Una visión utilitarista que se olvida del valor intrínseco de la vida humana pone en jaque a los no nacidos, los ancianos, los enfermos, las personas con discapacidades y los condenados a pena de muerte. A estos últimos, además, una vez ejecutados se les priva para siempre de la posibilidad de demostrar su inocencia, algo que no es tan infrecuente.

¿Y no hay excepciones a la regla de no matar? Salvo en autodefensa, creo que tenemos que ser categóricos y no permitir la muerte intencionada de nuestros conciudadanos. Además, las experiencias, tanto en aborto como en eutanasia, muestran bien lo que se ha llamado pendiente resbaladiza o plano inclinado. Si nos engañan a aceptar algunas excepciones en casos extremos, rápidamente se van extendiendo estas prácticas a muchas otras situaciones. En el fondo, abrir una rendija de una ventana acaba convirtiéndose en un boquete enorme en toda una pared que debería resguardarnos de quienes no respetan la vida de los demás. Poco a poco se va destruyendo el pilar esencial que garantiza una sociedad justa y compasiva.

No existe un *matar bueno*, por mucho que se intente confundir con expresiones como *muerte digna* o llamar al homicidio supuestamente compasivo de la eutanasia *prestación de ayuda para morir*. Consagrar el principio de autodeterminación por encima de todo es peligroso, y da pie a la promoción del suicidio, que ya es la primera causa de muerte en algunos rangos de edad. También es peligroso, e incluso más, someter al criterio de terceros, más o menos expertos, quién merece seguir viviendo. Además, en la inmensa mayoría de los casos el deseo de eutanasia o de suicidio no es consecuencia de daños corporales y dolores extremos, sino de un sentimiento de abandono. Me remito aquí al capítulo sobre la soledad.

La eutanasia en el Tercer Reich muestra cómo se puede llegar a justificar, por un supuesto interés de la persona enferma o discapacitada cuya vida, se supone, carece de valor. La Alemania nazi consiguió la aceptación progresiva de la eutanasia por parte de una sociedad que previamente la rechazaba. Se hizo con la película *Yo acuso* y una propaganda cuidadosamente diseñada, que incluía cartelería detallando el coste que el tratamiento de un discapacitado suponía para el estado alemán. Joseph Goebbels consiguió la aceptación del programa de aniquilamiento y que el homicidio por compasión se viera como un acto de amor, como ayuda a un morir digno. La excelente película alemana *Niebla en agosto* dirigida por Kai Wessel y basada en la novela homónima escrita por Robert Domes muestra bien la historia de esta macro-manipulación que desencadenó más de 300 000 eutanasias.

El médico norteamericano Leo Alexander, en 1949, explicó brillantemente este horror:

«Comenzaron con la idea, que es fundamental en el movimiento a favor de la eutanasia, de que existen estados que hay que considerar como ya no dignos de ser vividos. En su primera fase esta actitud se refería sólo a los enfermos graves y crónicos. Paulatinamente se fue ampliando el campo de quienes entraban dentro de esa categoría y se fueron añadiendo también a los socialmente improductivos y a los de ideologías o razas no deseadas. Sin embargo, es decisivo advertir que la actitud hacia los enfermos incurables fue el diminuto desencadenante que tuvo como consecuencia ese total cambio de actitud».

La tendencia, cada vez más arraigada, de que divertirse y sentirse bien es la meta suprema del ser humano, lleva a concluir que el sufrimiento ha de ser eliminado a cualquier precio. Y cuando no puede ser eliminado de otra forma que mediante la eliminación del que sufre, se hace, aún sin saber si al matar al que sufre terminamos realmente con su sufrimiento. Se parte de un supuesto derecho a matarse a uno mismo para llegar al derecho a hacerse matar o a matar. Pero ni el suicidio es un derecho ni existe ningún derecho a matar, o a ser matado por otro.

La condena moral del suicidio, del aborto y de la eutanasia en nuestra civilización no tiene un origen judeocristiano. Corresponde a una tradición filosófica que se remonta al menos a Sócrates. El juramento hipocrático ya incluía, unos 500 años antes de Cristo, la frase «Jamás daré a nadie medicamento mortal, por mucho que me soliciten, ni tomaré iniciativa alguna de este tipo; tampoco administraré abortivo a mujer alguna».

Cuando la ley permite que uno se mate o haga que le maten, se produce de repente un fenómeno nuevo: el no nacido, el viejo, el enfermo, el necesitado de cuidados se vuelve responsable de todos los esfuerzos, costes y privaciones que sus parientes, cuidadores o conciudadanos hayan de asumir por él. Se pierde el sentido de la solidaridad que exige de otros un sacrificio, y es la propia persona necesitada la que parece imponerlo, puesto que podría fácilmente librar a todos de ese peso. De hecho, en países como España, tras la legalización de la eutanasia, pacientes con enfermedades avanzadas llegan a pedirla por una especie de buenismo, movidos por el deseo de dejar de ser una carga para sus familiares.

La eutanasia, el aborto e incluso la pena de muerte son las salidas más infames que la sociedad puede idear para eludir la solidaridad con los más débiles. Pero también las más baratas. En el caso de la eutanasia, hay ahorro en cuidados médicos, pero también en pensiones o subvenciones del estado. Que la salida más barata sea la que elija una sociedad en la que la economía lo domina casi todo no sé si debe sorprendernos.

Los riesgos de esta visión son enormes. Ya se empieza a plantear por parte de algunos académicos la eutanasia obligatoria, a partir de una edad. El profesor de la Universidad de Yale Yusuke Narita defendió en 2023 que los ancianos en Japón deberían optar por el suicidio masivo. *Plan 75* una película distópica de la cineasta japonesa Chie Hayakawa, imaginaba a alegres vendedores cortejando a los jubilados para que se acogieran a la eutanasia patrocinada por el gobierno mediante un programa que propone un acompañamiento logístico y financiero para poner fin a su vida.

Olvidar el valor intrínseco de cada vida, no solo es un riesgo para los más vulnerables, sino que nos lleva a romper el lazo esencial que nos une y nos hace humanos. Hace ya unas décadas, una estudiante le preguntó a Margaret Mead (reconocida antropóloga y experta en civilizaciones antiguas) cuál era el primer signo conocido de civilización humana. Todos esperaban que contestara sobre puntas de flechas, piedras de moler, anzuelos, o vasijas de barro. Pero Mead sorprendió a la audiencia: el primer signo de civilización humana era un fémur de hace quince mil años, fracturado y luego curado. La antropóloga defendió su visión explicando que un primate que se fractura una pierna muere. Le abandonan los de su especie y lo devoran los depredadores, ya que no puede escapar del peligro, no puede ir al río a beber, no se puede alimentar. Ningún animal sobrevive a una fractura de fémur el tiempo suficiente para que el hueso acabe sanando. Por ello, este fémur roto que había sanado y que Mead había encontrado era la prueba de que alguien se tomó el tiempo de estar con el accidentado, le cuidó, le llevó a un lugar seguro, le hidrató y le nutrió. En definitiva, lo ayudó a recuperarse.

Lo que venía a decir Mead es que lo que de verdad nos hace humanos es cuidarnos unos a otros. Ayudar a alguien vulnerable, enfermo, con dificultades, sería el punto preciso que marca el comienzo de la civilización. Curiosamente, en julio de 2024, *Science Advances* publicó una investigación española que adelanta este inicio de la civilización al pleistoceno superior, hace entre 120 000 y unos 40 000 años. Estos antropólogos encontraron un fósil del oído de una niña neandertal con síndrome de Down y discapacidad que incluía sordera. Es decir, no solo nuestros primos neandertales eran humanos, sino que se podría argumentar que tenían una sociedad más humana y compasiva si la comparamos con el aborto actual y casi sistemático de fetos bajo sospecha, a veces ni siquiera confirmada, de Síndrome de Down.

10.
LA PORNOGRAFÍA
SE HA BANALIZADO

En las últimas décadas, la pornografía ha pasado de ser un tabú a convertirse en un producto ampliamente accesible y socialmente aceptado en muchas esferas, olvidando sus profundos impactos psicológicos, personales, familiares, sociales, morales y éticos. Esta pornografía moderna (con contenidos digitales, inteligencia artificial y robótica) está teniendo consecuencias.

Según datos de 2024, 7 de cada 10 adolescentes españoles consumen pornografía de forma regular, y la mayoría de los jóvenes entre 12 y 15 años afirman haber visto pornografía por primera vez entre los 6 y 12 años. Internet y los teléfonos inteligentes han transformado radicalmente el acceso y consumo de contenidos pornográficos que se hacen ya presentes, de forma más o menos explícita, en series de televisión o plataformas digitales, música y videoclips, redes sociales y medios de comunicación. Ya no es un tema vergonzoso, ha pasado a un asunto tratado con ligereza. Se calcula que hay más de 135 000 visualizaciones de pornografía cada minuto y que más de un tercio de las descargas de internet son de material pornográfico. Es casi imposible no encontrar pornografía de manera accidental, a través de ventanas emergentes, anuncios o enlaces engañosos.

Como es una de las industrias más lucrativas del mundo, generando miles de millones de euros al año, su influencia económica también contribuye a su aceptación social. El lobby que la respalda genera mensajes que la defienden, bajo el argumento de que su producción y consumo son una expresión de la libertad personal: "no hago daño a nadie", "si la sociedad es verdaderamente libre, cada individuo debería tener el derecho de decidir qué contenido consumir" y se refieren a ella como "contenido para adultos".

Aunque la pornografía puede parecer inofensiva, numerosos estudios han señalado efectos negativos en la salud mental y emocional de los consumidores. Es adictiva y genera dependencia, interfiere con las relaciones personales, de pareja, familiares e, incluso, con la productividad y el rendimiento académico. Deteriora la capacidad de atención, la memoria procedimental y la capacidad de organización y planificación. Distorsiona las expectativas, y es un caldo de cultivo de frustración, al presentar una versión irreal y exagerada de la sexualidad, lo que puede llevar a expectativas poco realistas sobre las relaciones íntimas y desconectadas de la afectividad y el amor. Impacta en la autoestima, ya que la comparación con los cuerpos o comportamientos mostrados frecuentemente genera inseguridades.

La pornografía también disminuye la sensibilidad a otros placeres y afecta a la capacidad de establecer conexiones emocionales e interpersonales, favoreciendo la visión del otro como objeto. Es decir, no solo afecta a los individuos, sino también a las dinámicas sociales y culturales, al representar a las personas como fuentes de placer en lugar de individuos completos con dignidad y valor. Esto puede perpetuar actitudes deshumanizadoras en las relaciones reales y favorecer actitudes violentas e irrespetuosas. De hecho, la pornografía a menudo muestra conductas que estarían hoy fuera de las normas aceptadas por la sociedad. Pero la popularidad y banalización de algunas conductas puede llevar a la aprobación de estas prácticas como algo común o deseable.

Los efectos en las relaciones de pareja son particularmente graves y pueden llevar incluso a la separación o divorcio. El consumo de contenidos pornográficos crea conflictos, desconfianza e insatisfacción sexual, por comparación entre la pareja y las representaciones irreales en la pantalla. Afecta a la satisfacción sexual, ya que se relaciona con una sexualidad menos íntima y más impersonal. Origina problemas sexuales en la excitación, deseo y orgasmo. Daña la autoestima sexual y se relaciona con un sexo menos placentero. Aumenta los niveles de soledad, aislamiento y la disminución de actividades sociales. Todo ello es especialmente frecuente y peligroso en los jóvenes y los adolescentes, que están en una etapa crucial de desarrollo, en la que pueden internalizar mensajes equivocados sobre la necesidad o no de consentimiento, respeto e intimidad.

La pornografía también afecta a las personas involucradas en su producción, a los modelos, actores y actrices. Muchas de esas personas están expuestos a la explotación y al abuso, a la trata, con riesgos para su salud y con violaciones de derechos laborales. Pero, no nos engañemos: aunque la inteligencia artificial pueda ya quitar a estas personas de la ecuación, el daño para los consumidores siempre estará presente. Además, la pornografía como fuente de aprendizaje, favorece la desinformación en cuestión de sexualidad, normaliza la violencia sexual, los estereotipos sexuales y el sexismo, la promiscuidad sexual, la infidelidad, el mayor número de parejas sexuales, la iniciación temprana en las relaciones sexuales y, a menudo, la entrada al consumo de prostitución.

Asociaciones como *DaleUnaVuelta* ya se han puesto en marcha con medidas que se han mostrado efectivas no solo para defender a la mujer, su dignidad y derechos, sino para buscar una sexualidad sana, asertiva y afectiva, libre e informada. Es posible vencer la adicción a la pornografía, pero no es fácil. Frecuentemente se necesita ayuda. Es deseable una adecuada educación afectivo-sexual, no solo centrada en aspectos biológicos, sino en el amor personal, la entrega, el respeto mutuo, el consentimiento, la fidelidad.

Lamentablemente, crecen los programas formativos ideologizados, que no están evitando ni la hipersexualización (incluso la promueven), ni la incursión en el consumo de pornografía, ni que disminuyan las agresiones sexuales cometidas por adolescentes y jóvenes. Se habla mucho del tema sexual, pero poco de lo afectivo, que es la clave del problema.

Una correcta educación afectivo-sexual busca que la persona se desarrolle de forma saludable, que tenga una autoestima sana, que se relacione bien con los demás y que incorpore una mirada buena hacia la sexualidad. Esta educación puede contrarrestar los mensajes distorsionados de la pornografía, pero no será suficiente. Los gobiernos y las plataformas deben trabajar juntos para intentar limitar al máximo la producción y distribución de pornografía, en todos los ámbitos, pero con especial intensidad en niños, adolescentes y jóvenes.

La terapia es similar a la que se hace con otras adicciones, con tratamientos psicológicos que tienen que ver con el control de los estímulos, con aprender a llevar una vida estructurada, de orden, de planificación; una existencia saludable; social, familiar y afectivamente rica.

Ahora bien, el éxito no está asegurado y la probabilidad de recaída es alta, como en cualquier adicción. Por ello, lo más importante es prevenir. Sin embargo, las acciones preventivas en esta cuestión están siendo puntuales y escasas, muy minoritarias si las comparamos con las que se toman para prevenir otras adicciones.

11.
TENEMOS MENOS FE
Y SOMOS MÁS INFELICES

La secularización parece ir acompañada de mayores tasas de depresión y ansiedad. ¿Influyen la espiritualidad y la fe en nuestra felicidad? En una sociedad cada vez más consumista, es muy frecuente la desconexión con algo que, durante siglos, fue fundamental para nuestra existencia: la fe. Aunque me refiero fundamentalmente a la fe religiosa, también empieza a escasear la fe en ideales, instituciones, personas o incluso en nosotros mismos. Y mientras la fe parece desvanecerse, algo está ocupando su lugar: la insatisfacción, el vacío existencial y una creciente sensación de infelicidad. La secularización de las sociedades occidentales ha dejado un vacío que no resulta fácil llenar, ni a nivel personal, ni comunitario, ni político.

Históricamente, la religión fue el principal refugio de fe para la humanidad. Ofrecía respuestas a las preguntas fundamentales: ¿De dónde venimos y adónde vamos? ¿Por qué estamos aquí? ¿Qué sucede después de la muerte? El abandono progresivo de la fe y de las prácticas religiosas, cada vez más mayoritario, no tiene una sola explicación. Aunque algunos intentan relacionarlo con los avances científicos, como bien explica José Carlos González-Hurtado en su libro *Nuevas evidencias científicas de la existencia de Dios*, la ciencia no solo no se contrapone, sino que apoya fuertemente la existencia de un ente divino.

Los datos científicos también avalan la asociación fe-felicidad. Los estudios del profesor Tyler VanderWeele, de la Universidad de Harvard, muestran evidencias muy claras que relacionan la espiritualidad y la religión con la felicidad. VanderWeele ha impulsado el *Human Flourishing Program*, una iniciativa dedicada al estudio de los factores que influyen en ser feliz y tener lo que él denomina florecimiento. Este programa ha mostrado que hay una base empírica que muestra la relación entre la fe y la vida moral con la felicidad.

De las variables religiosas estudiadas la que muestra una relación más estrecha con la felicidad es la participación habitual en servicios religiosos. Las personas con fe tienen menores tasa de depresión, suicidio, mortalidad, divorcio... la lista es larga. Otras formas de comunidad, no religiosas, también muestran un efecto positivo en la felicidad, pero no tanto ni tan consistente. La comunidad religiosa ofrece algo más: se comparten unos valores y un sentido de misión y de trascendencia; hay una institución que desborda los límites de la biografía personal, y que aporta un sentido de seguridad.

Al menos en occidente, donde la secularización es predominante, vemos una disminución drástica en la asistencia a templos, en afiliación religiosa y en práctica de rituales. Este abandono de la fe en algo trascendental frecuentemente hace que las personas se sientan desconectadas y sin propósito.

Muchos buscan llenar ese vacío con el consumismo. La promesa implícita del sistema capitalista es que podemos comprar nuestra felicidad: el último teléfono, unas vacaciones exóticas, ropa de marca o un coche de lujo. Sin embargo, aunque estas cosas pueden ofrecer momentos fugaces de placer, no proporcionan una felicidad duradera. De hecho, el deseo constante de más solo alimenta un ciclo interminable de insatisfacción, pues la acumulación de bienes materiales no sustituye el hambre de espiritualidad, trascendencia, conexión humana y significado. Además, la presión por consumir lleva a muchas personas a endeudarse, lo que aumenta el estrés y la ansiedad, y contribuye a una infelicidad generalizada.

La modernidad ha debilitado la fe y otros pilares que solían sostenernos: familia, comunidades, tradiciones culturales. En lugar de estos, hemos adoptado un modelo individualista donde cada uno es responsable de encontrar su propio significado. ¿Cómo podemos revertir esta tendencia? Cultivar la espiritualidad personal podría ser clave. Como la fe es un don, no la podemos exigir o adquirir, pero sí desearla y buscarla. Es un gran tesoro que, si no tenemos, muchas veces no somos capaces de valorar ni de cuidar. La fe apoyada en el ambiente, en la tradición, en el tinte social no se sostiene, y menos hoy, cuando tener fe es ir contracorriente. La auténtica fe (y aquí pienso fundamentalmente en la cristiana) brota de una experiencia de

Dios, exige creer en Él e implica un compromiso y una respuesta personal.

La fe no es un seguro ante el dolor o ante los problemas, pero sí te permite encararlos como oportunidades de crecimiento y entrega. Ser creyente supone asumir, si es posible con alegría y esperanza, todas las situaciones personales, familiares y sociales, con su realidad actual y sus expectativas. Las buenas y las malas. El que tiene fe ve a Dios en todos los acontecimientos y en todas partes. La fe no es conocimiento ni seguridad. Es vivir con la firme convicción de que estamos en manos de Dios, lo que ayuda a desprendernos de ansiedades y temores, dudas y desesperaciones. La fe implica arriesgar, no aferrarse a las seguridades.

Es un don que hay que cuidar. Puede crecer o perderse por completo. Crece cuando se defiende, con o sin miedo. Cuando se propaga. Cuando se da testimonio. Es un don gratuito que hace Dios. Quien la recibe ha de acogerla y cuidarla para que dé frutos. La fe es un regalo que exige una respuesta. Nadie está obligado a creer, es un acto libre y amoroso que sólo el hombre es capaz de hacer. A veces esta respuesta es difícil: te encuentras situaciones complicadas que no sabes cómo resolver, circunstancias duras, muertes y enfermedades. Cuando las cosas van mal, tendemos a hundirnos, a ponernos tristes, y es entonces cuando deberíamos tener más fe.

Quiero también hablar de otra fe, no relacionada con la religión. La fe también tiene que ver con la confianza en las instituciones que estructuran nuestras sociedades. Durante el siglo xx, las personas confiaban en gobiernos, sistemas de justicia y corporaciones para proporcionar estabilidad y guiar el desarrollo social. Hoy esa confianza está en crisis. Los escándalos de corrupción, la falta de transparencia y la creciente desigualdad económica han erosionado la fe en los sistemas que deberían garantizar la equidad y la justicia. La sensación de que "todo está amañado" o "no importa lo que haga, el sistema siempre ganará" deja a las personas en un estado de impotencia. La tecnología ha amplificado esta desconfianza al hacer visible, en tiempo real, la hipocresía y las fallas de aquellos en el poder.

Aunque la información democratizada tiene beneficios, también alimenta un cinismo que dificulta encontrar soluciones colectivas. La falta de fe no se limita a las instituciones, afecta también las relaciones interpersonales. En una era dominada por las redes sociales, donde las personas proyectan versiones optimizadas de sí mismas, las relaciones pueden parecer superficiales o transaccionales. Esto debilita la fe en los demás y alimenta la soledad. También hemos perdido fe en nosotros mismos. Las altas expectativas, impulsadas por una cultura de comparación constante, han generado niveles alarmantes de ansiedad y depresión. Si no alcanzamos ciertos estándares —muchos de los cuales son irreales—, sentimos que hemos fracasado. ¿Cómo confiar en nosotros mismos cuando vivimos bajo la presión de ser siempre exitosos, felices y perfectos?

La fe exige la humildad, tal vez por eso nos cuesta tanto y es cada vez más rara. La toma de conciencia de la sobrenaturalidad de la fe en Dios es una vacuna frente a la arrogancia y la vana pretensión. Esta toma de conciencia engendra, en cada creyente, el agradecimiento porque Dios nos permite contemplarle, aunque sea de manera indirecta, en el claroscuro del creer.

12.
EL CONSUMISMO
NOS ESTÁ VACIANDO

LA REAL ACADEMIA ESPAÑOLA define consumismo como la «tendencia inmoderada a adquirir, gastar o consumir bienes, no siempre necesarios». Estamos predispuestos a consumir nada más levantarnos. La publicidad intrusiva está a la orden del día y pulsamos el clic, sin plantearnos si los bienes son necesarios o no. El marketing es una pieza clave de este sistema, puesto que mantiene a los consumidores permanentemente estimulados para incorporar a sus vidas todos los productos y servicios que se les ofrecen.

El consumismo o consumo excesivo de bienes y servicios está muy presente. Vivimos en una era en la que poseer se ha convertido en el equivalente (o superior) de ser. Los escaparates, los anuncios digitales, las promociones irresistibles y las redes sociales nos bombardean con un mensaje: «Consíguelo, porque lo necesitas». Sin embargo, este ciclo no solo agota nuestros bolsillos, sino también nuestras mentes, nuestros corazones y nuestro planeta.

Para entender cómo llegamos aquí, es necesario retroceder en el tiempo. Tras la Segunda Guerra Mundial, los países desarrollados buscaban reactivar sus economías. La industrialización masiva, junto con los avances tecnológicos, permitió producir bienes en cantidades sin precedentes. Sin embargo, esto también presentó un desafío: ¿qué hacer con toda esta producción excedente? Así nacieron las estrategias modernas de marketing. Empresas y gobiernos se unieron para fomentar una cultura de consumo donde el éxito personal se midiera por lo que se poseía. Las campañas publicitarias dejaron de centrarse en la funcionalidad de los productos y comenzaron a vender sueños, aspiraciones y estatus. Logran atraparnos en un círculo vicioso, tratando de buscar en la compra el alivio a la sensación de vacío que nuestro propio consumismo nos provoca.

Si miramos a nuestro alrededor nos daremos cuenta de que estamos (casi) siempre consumiendo. Comer, vestirnos, desplazarnos, trabajar, entretenernos, comunicarnos, implica consumir, frecuentemente más de lo que realmente necesitamos. La mayoría de lo que consumimos son productos no esenciales y/o el resultado de necesidades inventadas con fines de aceptación social. Productos que se fabrican para ser fácilmente desechados con obsolescencia programada.

El consumismo, en su esencia, promete felicidad mediante la adquisición de bienes. Sin embargo, después de cubrir nuestras necesidades básicas, el aumento en la acumulación de bienes tiene un impacto marginal, si no inexistente, en nuestra felicidad. El problema radica en la "adaptación hedonista". Compramos algo nuevo, sentimos un pico de placer momentáneo, pero pronto nos acostumbramos y buscamos el siguiente artículo que nos proporcione esa misma sensación. Este ciclo interminable no solo nos deja insatisfechos, sino también perpetuamente vacíos.

El consumismo también afecta a nuestras emociones y relaciones interpersonales. La constante comparación con los demás, fomentada por las redes sociales y los ideales de consumo, genera insuficiencia y envidia. En lugar de enfocarnos en lo que ya tenemos, en nuestras propias metas, miramos hacia fuera, deseando lo que otros poseen.

Esto también puede erosionar nuestras relaciones. Las deudas, el tiempo invertido en trabajar para comprar más cosas y el estrés asociado al consumo pueden alejarnos de nuestras conexiones personales. Nos convertimos en esclavos de un sistema que, paradójicamente, promete liberarnos.

Mientras llenamos nuestras vidas de objetos, vaciamos el planeta de recursos. La producción masiva de bienes requiere enormes cantidades de energía, agua y materias primas. Los desechos generados por la obsolescencia programada y el descarte de productos no reciclables se acumulan en vertederos y contaminan nuestros ecosistemas. La producción y transporte de bienes emiten toneladas de gases de efecto invernadero. Por ejemplo, la industria de la moda rápida es responsable de un porcentaje creciente de las emisiones globales de carbono, más que todos los vuelos internacionales y el transporte marítimo combinados.

Estamos rodeados de reclamos publicitarios que pintan una vida idílica si compramos un producto, implicando que seremos desgraciados si no lo hacemos. Son incesantes los mensajes que animan a buscar la felicidad y la realización personal a través de la compra. Pero felicidad y compra no están directamente relacionados, sino todo lo contrario. Gille Lipovetsky, en su libro *La felicidad paradójica*, defiende que «cuanto más se desatan los apetitos de compras, más aumentan las insatisfacciones individuales».

Frente a este panorama, es urgente replantearnos nuestras prioridades. ¿Cómo revertir este ciclo de consumismo desenfrenado y recuperar lo que realmente importa? La austeridad y el minimalismo implican no tanto vivir solo con lo indispensable, sino valorar más lo que ya tenemos. Significa cambiar nuestras prioridades y enfocarnos en aquello que realmente aporta valor. Compartir y practicar la gratitud también nos ayuda a apreciar lo que ya poseemos. No solo reduce nuestro deseo de consumir más, sino que aumenta nuestra felicidad y bienestar general.

Conviene aprender a ser generoso y agradecido. Desde una edad temprana, es crucial educar en que no se puede tener todo, e ir siendo consciente poco a poco del impacto negativo del consumismo. Saber de dónde vienen nuestros bienes, cómo se producen, quién los produce y en qué condiciones, y cuál es su impacto ambiental fomentará decisiones más conscientes.

La economía circular centrada en las tres R, *reducir*, *reutilizar* y *reciclar*, nos puede ayudar a reducir el consumo. Comprar productos de segunda mano, reparar objetos en lugar de desecharlos y optar por bienes sostenibles son formas más responsables de vivir.

Pero, sobre todo, debemos luchar contra la narrativa de que el éxito se mide por la acumulación de bienes, y enfocar nuestra energía en lo que de verdad importa, cultivar relaciones significativas, experiencias enriquecedoras y logros personales.

¿Cómo despojarnos de esa tendencia consumista? Podemos enumerar algún ejemplo: hacer una lista de la compra (y respetarla), comprar productos duraderos, evitar el consumo impulsivo tipo Black Friday, huir de necesidades inventadas, minimizar los desperdicios, tener en cuenta criterios de sostenibilidad, apostar por soluciones que ayudan a reducir el consumo de agua, gas y electricidad, aprovechar la totalidad de la vida útil de la ropa, los *gadgets* y los electrodomésticos. En casos de consumo compulsivo puede ser aconsejable acudir a terapia.

El consumismo modula nuestros hábitos y origina insatisfacción. Tratamos de aparentar superioridad económica y social a través del consumo de bienes y marcas de lujo. Consumir se ha convertido en eje de las relaciones interpersonales y medio para resaltar las desigualdades sociales y la supremacía económica de unas minorías.

El consumismo nos está vaciando, no solo en un sentido material, sino también emocional. Mientras llenamos nuestras casas, garajes y bolsillos con objetos, vaciamos nuestras vidas de significado, nuestras relaciones de profundidad y nuestro planeta de recursos.

Tomar decisiones más conscientes y alinear nuestras acciones con nuestros valores permite romper este ciclo y construir una vida más plena y sostenible.

Es hora de redefinir lo que significa realmente "vivir bien".

13.
LA PERFECCIÓN FÍSICA NO ASEGURA LA AUTOESTIMA

La AUTOESTIMA, como es sabido, no radica en lo externo, sino en una construcción interna que se desarrolla a partir de la autoaceptación, las experiencias y los valores personales.

La perfección física es una meta ilusoria, pese a que la inteligencia artificial nos pueda hacer pensar lo contrario. Los estándares de belleza son arbitrarios y cambian según la cultura, la época y las influencias sociales. En el Renacimiento, las figuras voluptuosas de Rubens eran consideradas un ideal de belleza. Hoy, al menos en la sociedad occidental, se ha ido imponiendo el ideal de un cuerpo delgado y tonificado. Son los que vemos en redes, anuncios y medios de comunicación. Esta evolución constante hace que perseguir la perfección física sea no solo una tarea interminable sino inalcanzable.

Las redes sociales han intensificado esta obsesión. Abundan las imágenes previamente editadas que presentan una versión idealizada de la realidad. Los ángulos cuidadosamente seleccionados y las modificaciones digitales crean expectativas irreales. Esto afecta a los consumidores, pero también a *influencers* y creadores de contenido, quienes a menudo sienten la presión de mantener una apariencia impecable para retener seguidores y conseguir más *likes*. Este ciclo perpetúa una narrativa tóxica en la que el valor personal se mide por la apariencia externa.

La autoestima se define como la valoración que una persona tiene de sí misma. Este concepto no depende (o no debería depender) de factores externos como el atractivo físico, sino de la manera en que una persona se percibe a sí misma en su totalidad: sus habilidades, logros, relaciones y cómo maneja los desafíos. Hay "perfectos" según los estándares sociales que sufren de baja autoestima. Todos conocemos suicidios de guapos famosos, pues la autoestima no puede alimentarse exclusivamente de elogios o aprobación externa; necesita un cimiento sólido basado en la aceptación y el amor propio.

La búsqueda de la perfección física puede tener graves consecuencias físicas y psicológicas. La dismorfia corporal, los trastornos alimenticios y la depresión son comunes entre quienes intentan cumplir con ideales imposibles de belleza. Además, esta constante persecución puede generar una desconexión entre el cuerpo y la mente. Las personas comienzan a ver su cuerpo como un proyecto que necesita constante "mejora", en lugar de aceptarlo como una parte integral de su ser. Este enfoque, además de requerir "retoques" quirúrgicos, puede llevar a ignorar las señales que el cuerpo envía, como el agotamiento o el estrés.

La autoaceptación es el primer paso para construir una autoestima saludable. Esto no significa conformarse con un estado actual, sino aprender a apreciarse a sí mismo en todas las etapas de la vida. La autoaceptación también implica reconocer que el valor personal no está determinado por cómo se ve una persona, sino por cómo vive su vida y se relaciona con los demás. Practicar la gratitud por lo que el cuerpo puede hacer, en lugar de centrarse solo en cómo se ve, puede ser un cambio transformador. Por ejemplo, agradecer que tenemos ojos para ver, piernas para caminar, o manos para escribir y crear, ayuda a fomentar una relación más positiva con el cuerpo.

La imagen corporal es la representación mental que cada uno tiene sobre su propio aspecto físico. Es cómo nos vemos a nosotros mismos cuando nos miramos al espejo, lo que creemos que somos, y cómo nos sentimos con nosotros mismos a través de nuestra imagen corporal.

Pero, curiosamente, tener una imagen corporal positiva no significa tener un cuerpo perfecto. Significa que nos sentimos bien con nuestro cuerpo, con nuestras capacidades físicas y con nuestra percepción de nosotros mismos. Somos capaces entonces de valorar y apreciar nuestro cuerpo. Somos conscientes de que sólo es una parte de nosotros, y que otros aspectos —como la personalidad— tienen un valor más importante a la hora de definir nuestra identidad.

Sin embargo, cuando tenemos una imagen corporal negativa nos sentimos insatisfechos. Atribuimos a cierta parte del cuerpo o a su totalidad las dificultades que tenemos: no conseguimos pareja porque somos demasiado bajos, o altos, gordos o flacos, etc. Nos sentimos inseguros, o incómodos con nuestro cuerpo, desearíamos que fuese distinto, y esto afecta a nuestra autoestima y a la seguridad en nosotros mismos.

Preocuparse por la imagen y la salud es natural. Llevarla al extremo puede acabar en vigorexia, dismorfia muscular o síndrome de Adonis, un trastorno que puede derivar en otros problemas de salud. Si ir al gimnasio es más importante que ver a tus amigos o salir a cenar con tu pareja, y no puedes probar cosas nuevas porque implicaría saltarse tu dieta, puede que tengas un problema de vigorexia. Para estas personas, las relaciones, el ocio, el trabajo o la familia pasan a un segundo plano. Tienen un objetivo y están dispuestos a apartar de su vida todo lo que impida conseguirlo. Muchas veces hay un historial marcado por una autoestima baja que repercute en su imagen corporal, que encuentra refugio en el entrenamiento y en la mejora del cuerpo. Esta produce *feedbacks* positivos del exterior o de gente de su entorno. Si buscamos el reconocimiento, la admiración o la aprobación de los demás mejorando nuestra imagen personal a la postre seremos más vulnerables. El motivo principal para cuidar el cuerpo y hacer ejercicio debería ser mejorar la salud, en general.

¿Cómo salir de esta obsesión de perfección? Es importante establecer metas realistas. Es cierto que vivimos en una sociedad cada vez más obesa y sedentaria, pero, en lugar de aspirar a la perfección, es más saludable fijarse metas alcanzables que permitan mejorar nuestra salud. Limitar el tiempo en redes sociales y, si vamos a usarlas, seguir a personas que promuevan la autenticidad puede ayudar a combatir esta presión de alcanzar ideales irreales. Dedicar tiempo a actividades que promuevan el bienestar mental, emocional y físico puede fortalecer la autoestima.

En casos graves o patológicos es muy conveniente buscar apoyo profesional, la terapia puede ser una herramienta valiosa para abordar trastornos alimenticios, depresiones o problemas subyacentes de autoestima. Reconocer y celebrar nuestras cualidades (seguro que tienes muchas) como la empatía, la resiliencia y la creatividad también nos ayuda a construir una autoestima basada en valores internos y no dependiente de nuestro aspecto físico. De esta forma podemos enfocarnos en cultivar una

relación positiva con nosotros mismos, cele-
brando nuestra única y auténtica identidad.

Es hora de desafiar las narrativas culturales
que equiparan la belleza con el valor personal.
La belleza por definición es subjetiva y diversa,
y no puede ser encapsulada en un solo ideal o
estándar. Al adoptar una definición más amplia
y personal de la belleza, podemos liberar a las
generaciones futuras de la carga de perseguir
una perfección física inalcanzable.

14.
EL RESPETO A LOS MAYORES
ESTÁ DESAPARECIENDO

Tradicionalmente, las personas mayores eran vistas como guardianes de la sabiduría, figuras de autoridad y guías morales en la familia y la comunidad. Sin embargo, en la sociedad moderna, este respeto parece estar menguando, reemplazado por una indiferencia preocupante y, en algunos casos, por actitudes despectivas. El edadismo (ageismo o etarismo), término acuñado en 1969 por Robert Butler que se refiere a la discriminación por motivos de edad, está cada vez más presente. Se muestra en los estereotipos (cómo pensamos), los prejuicios (cómo nos sentimos) y la discriminación (cómo actuamos) hacia las personas en función de su edad.

Esta discriminación está presente no solo en los medios de comunicación, también en nuestro sistema sociosanitario, en nuestros trabajos y en nuestras leyes, y nos impide entender la diversidad y heterogeneidad de la vejez. Pensar que ser mayor es estar enfermo, demente, o ser un cascarrabias, origina actitudes que influyen en nuestro modo de relacionarnos con los ancianos, de valorarlos y reconocerlos, y de percibir sus capacidades y limitaciones.

Las actitudes negativas sobre la vejez limitan la vida, porque implican que a los ancianos no se les ofrecen las mismas oportunidades que a las demás personas. Se les ignora o invisibiliza, porque se asume que poco o nada tienen que aportar. Se les excluye del entorno laboral, del espacio cultural, se considera que a esas edades ya nada se puede hacer y se les limitan cuidados, exploraciones, o tratamientos que pueden necesitar.

El edadismo es un generador de tristeza y enfermedad. La falta de respeto y cuidado puede hacer que experimenten soledad, depresión y sensación de inutilidad. Esto empeora su calidad de vida y su salud física.

El edadismo mina los derechos de los ancianos, empeora su pronóstico cuando enferman y es un obstáculo para desarrollar políticas eficaces que permitan un envejecimiento saludable. Despersonaliza y deshumaniza. Asimismo, los estereotipos sobre la vejez y el envejecimiento funcionan como profecías autocumplidoras modulando nuestra manera de envejecer. Por ejemplo, si se da por hecha la falsa creencia de que la soledad que vimos en un capítulo previo es inherente a las personas mayores y estas tienen que acostumbrarse a ella, nada se hará para ayudar a las que la sufren.

Para entender por qué el respeto a los mayores está desapareciendo, es importante analizar cómo ha cambiado su papel a lo largo del tiempo. En sociedades tradicionales, las personas de edad avanzada eran las principales fuentes de conocimiento y experiencia. Su sabiduría era fundamental para la toma de decisiones comunitarias y la transmisión de valores culturales. Con la llegada de la modernidad y los avances tecnológicos, la importancia de este conocimiento ancestral ha disminuido. Hoy la información está al alcance de un clic, lo que ha reducido la dependencia de las generaciones más jóvenes hacia sus mayores. Además, la globalización y los

cambios en las estructuras familiares han con-
tribuido a este distanciamiento.

¿Para qué sirve un viejo? La cultura popular
exalta la juventud y la belleza física, relegando
a los mayores a un segundo plano. En los medios de comunicación son retratadas de manera
estereotipada, lo que refuerza percepciones negativas. Además, en muchas escuelas y familias,
el énfasis en inculcar respeto a los mayores ha
disminuido.

Algunos ejemplos de edadismo son la in-
fantilización, el tuteo inapropiado, el uso de
lo que los anglosajones llaman *baby talk* o
lenguajes que utilizan una entonación exagerada, un tono de voz elevado o el uso de
un registro humillantemente sencillo. Deno-
minaciones como "viejito" o "abuelito", los
diminutivos, etc., reducen la singularidad de
la persona mayor, la homogeneizan.

La falta de respeto tiene implicaciones pro-
fundas, no solo para ellos, sino para toda la sociedad. Perdemos tradiciones, historias y valores
culturales que son esenciales para la identidad
de nuestras comunidades. Cuando no se les
valora, las familias dejan de beneficiarse de su
orientación y experiencia. Los jóvenes pierden

una fuente valiosa de consejo. Las grandes lecciones de los mayores pueden ofrecer perspectivas únicas y valiosas.

Prevenir y contrarrestar el edadismo debería ser un objetivo de sanitarios, periodistas, gobiernos, empresas y organizaciones de la sociedad civil. Su impacto existe a nivel global, pero en nuestro país, a punto de ser el más viejo del mundo, es particularmente negativo, ya que el suicidio demográfico nos está convirtiendo en una sociedad geriátrica. Las generalizaciones son odiosas, con 80 años Yuichiro Miura subió a la cima del Everest y Goethe publicó *Fausto*. Y con 85 Ed Whitlock corrió un maratón en menos de cuatro horas.

Discriminar a alguien por su edad no debería estar permitido, pero, según el «Informe Mundial sobre el Edadismo» de la OMS, es frecuente y tiene un impacto muy negativo. En nuestro país urgen estrategias, políticas y leyes que permitan cambiar la percepción de que España no es un país para viejos. Iniciativas que fomenten la interacción entre jóvenes y mayores pueden ayudar a construir lazos y romper estereotipos. Por ejemplo, programas en los que personas de edad avanzada compartan sus conocimientos, historias y domicilios con estudiantes pueden ser muy efectivos. Algunas universidades ya los han incorporado con muy buenos resultados. Representar a las personas mayores de manera positiva y realista en los medios de comunicación puede ayudar a cambiar las percepciones públicas. Mostrar su contribución a la sociedad y su papel activo puede inspirar respeto y admiración.

Animar a las familias a pasar más tiempo con sus mayores también puede fortalecer los lazos y permitir que los jóvenes aprendan. Los abuelos tienen (o deberían tener) un papel fundamental en la vida y educación de sus nietos. Se trata de crear oportunidades para que participen activamente en la familia, pero también en la sociedad. El voluntariado, la mentoría o el liderazgo de proyectos comunitarios, pueden ser oportunidades para demostrarse a sí mismos y a los demás su valor, al tiempo que fortalecen su autoestima.

También deberíamos aprender de otras culturas que continúan mostrando un profundo respeto hacia los mayores, como antes hacía la nuestra. En Japón, el concepto de "*oyakoko*" enfatiza la gratitud y el respeto hacia los padres y abuelos y los corresponsabiliza del bienestar y desarrollo saludable de los niños. De manera similar, en comunidades de países en vías de desarrollo, los ancianos son vistos como consejeros y guías políticos y espirituales. Aprender de estos ejemplos puede ayudar a las sociedades modernas a reevaluar su relación con los mayores. Incorporar rituales, ceremonias y prácticas que celebren la sabiduría y las contribuciones de los mayores puede ser un paso importante para restaurar el respeto perdido.

Pero, probablemente, lo más importante es revisar nuestros comportamientos y los de nuestro entorno. Qué lenguaje usamos cuando hablamos con (y de) las personas mayores, el tono que usamos, el poder que les damos en la toma de decisiones, cómo respetamos sus preferencias, qué empatía mostramos antes sus dificultades.

El respeto hacia los mayores no solo es una cuestión de justicia y gratitud, sino también un componente esencial para una sociedad equilibrada. Al no discriminar a nuestros mayores, no solo les damos el lugar que merecen, sino que también enriquecemos nuestras vidas con su experiencia y sabiduría.

15.
LA VIDA ES MARAVILLOSA

A PESAR DE LAS DIFICULTADES y de las verdades incómodas, este capítulo final es un recordatorio de la belleza y el inmenso potencial de la existencia humana. La vida es un regalo. A menudo nos encontramos atrapados en las preocupaciones del día a día y no nos damos cuenta de que la existencia misma es un milagro.

John Lennon, aunque no es santo de mi devoción, estuvo muy acertado cuando dijo «La vida es aquello que te pasa mientras estás ocupado haciendo otros planes». Desde los pequeños y grandes detalles de la naturaleza hasta las emociones sencillas y complejas que experimentamos, hay innumerables razones para considerar que la vida es maravillosa, única e irrepetible.

Detengámonos por un momento (si el ajetreo cotidiano nos deja) y pensemos en lo improbable de nuestra propia existencia. Desde una perspectiva científica, la probabilidad de que la vida surgiera en la Tierra es asombrosamente baja. Las condiciones exactas para que la vida comenzara fueron el resultado de inúmeras coincidencias y procesos naturales.

La existencia específica de cada uno de nosotros es producto de una cadena ininterrumpida de vida que se remonta a los primeros organismos unicelulares, y fruto de millones y millones de combinaciones que parecerían imposibles. La complejidad de nuestro cuerpo es asombrosa. Como cardiólogo, no deja de sorprenderme el preciso funcionamiento de nuestro corazón, que late incansablemente para mantenernos vivos. También el de nuestro cerebro, que nos permite pensar, sentir, experimentar. Cada célula, cada órgano y cada sistema en nuestro cuerpo trabajan en armonía para darnos la oportunidad de vivir. Este simple hecho debería ser suficiente para maravillarnos ante la vida.

La naturaleza es, o debería ser, una fuente constante de inspiración y asombro. Desde el canto de los pájaros al amanecer hasta el sonido relajante de las olas del mar, el medioambiente nos ofrece momentos de calma y conexión, nos abre puertas a una visión trascendental. Cada paisaje, cada árbol y cada flor son testimonio de la diversidad y belleza del mundo en que vivimos. Los ciclos naturales también nos enseñan lecciones valiosas. Los que tenemos la suerte de vivir en España disfrutamos de las estaciones, que nos recuerdan que la vida está en constante cambio. Tenemos un invierno frío y frecuentemente nublado y sombrío, pero que siempre da paso a la primavera, con su renovación y vitalidad. Aunque nos acaloremos de más en algún verano, sabemos que pronto llegarán las temperaturas templadas de otoño...

Incluso en los momentos difíciles, hay esperanza de un nuevo comienzo. Además, el contacto con la naturaleza tiene beneficios para nuestra salud física y mental. Caminar por un bosque o por la sierra, observar un atardecer o simplemente respirar aire fresco reduce el estrés, mejora nuestro estado de ánimo y nos ayuda a sentirnos más conectados con el mundo que nos rodea.

La capacidad de amar, compartir y conectarnos emocionalmente con los demás es una de las características más singulares de los seres humanos. La amistad, el amor romántico, la familia y las conexiones personales enriquecen nuestra vida y son un desafío para mejorar.

A través de nuestras interacciones, aprendemos sobre la empatía, la comunicación y, algo tan difícil como es el perdón. Incluso los conflictos pueden ser oportunidades para desarrollar habilidades y comprender mejor nuestras emociones.

Las relaciones también nos brindan un sentido de pertenencia de algo más grande, ya sea a una familia, a una comunidad religiosa, o incluso el sentimiento de ser parte de la raza humana. Esto nos puede dar un propósito y una razón para seguir adelante, incluso en los momentos difíciles.

La cultura y el arte reflejan bien la maravilla de la vida. La capacidad humana de crear y apreciar la belleza es otro aspecto exclusivo de nuestra especie que hace que la vida sea asombrosamente extraordinaria. Desde la música hasta la pintura, pasando por la literatura y el cine, el arte nos permite expresar nuestras emociones, contar historias y transmitir verdades incómodas. En definitiva, se trata de explorar la belleza más allá de las palabras (o en el caso de la literatura, usándolas de forma casi mágica).

El arte y la cultura nos conectan con los demás, incluso con los que vendrán y disfrutarán de nuestro humilde legado. Una canción puede evocar recuerdos compartidos, una película o una obra de teatro puede movernos a cambiar de vida, un libro puede prevenirnos contra la manipulación (ojalá estas páginas contribuyan a ello).

Además, la creatividad no solo se limita a las formas tradicionales de arte: está presente en la ciencia, permitiendo la resolución de problemas gracias a pensamientos divergentes, en la innovación tecnológica e incluso en la manera en que diseñamos nuestra vida. Cada vez que imaginamos algo nuevo o encontramos una manera única de abordar un desafío, participamos en un acto creativo.

A menudo, son los pequeños momentos los que nos pueden hacer caer en la cuenta de que la vida es realmente especial. Una carcajada entre amigos, el sabor de una comida deliciosa o la sensación de una manta cálida en una noche fría: estos detalles nos recuerdan que la felicidad no depende de grandes gestas, sino que la podemos encontrar en los instantes más simples. Aprender a reconocer y disfrutar estos pequeños placeres puede transformar nuestra perspectiva.

La gratitud y el perdón juegan aquí un papel crucial, como nos recordó el papa Francisco en 2015, hay algo de mágico en la tríada "permiso, gracias, perdón". La gratitud y el perdón son bienes cada vez más escasos, pero cuando nos tomamos el tiempo para agradecer lo que tenemos y disculpamos los errores ajenos (o propios), quitamos el foco de lo que nos falta, de los defectos, y nuestra visión de la vida cambia.

Tenemos potencial para crecer, para cambiar. Cada día se nos brinda una nueva oportunidad de aprender. Somos capaces de superar obstáculos y adaptarnos a circunstancias adversas. La resiliencia es buena prueba de esto. A lo largo de la historia, las personas han enfrentado guerras, desastres naturales y crisis personales, y han encontrado formas de reconstruir sus vidas.

Este espíritu de superación nos muestra que siempre hay esperanza, sin importar cuán difíciles parezcan las cosas en este momento. Por si fuera poco, cada uno tiene el poder de impactar positivamente en el mundo que nos rodea.

Desde pequeños actos de bondad que pasan desapercibidos hasta inventos e innovaciones que cambian vidas, nuestras acciones pueden marcar la diferencia. Este potencial para influir en el mundo es una de las razones más poderosas para celebrar la vida.

Sería hipócrita terminar sin recordar que, para muchas personas entre las que me incluyo, la espiritualidad es una fuente de maravilla y consuelo, que da sentido a nuestra existencia. Nos conecta con algo más grande que nosotros mismos y nos interpela. Esta conexión es la que de verdad nos da fuerza y alegría en los momentos fáciles y difíciles.

Es lo que hace que la vida sea maravillosa porque no solo está llena de posibilidades, belleza y significado, sino porque sospechas que todo está diseñado amorosamente. Para ti.

ESTE LIBRO, PUBLICADO POR
EDICIONES RIALP, S.A.,
MANUEL URIBE 13-15, 28033 MADRID,
SE TERMINÓ DE IMPRIMIR EN
ANZOS, S. L., FUENLABRADA (MADRID),
EL DÍA 25 DE ABRIL DE 2025.